HERMES

在古希腊神话中，赫耳墨斯是宙斯和迈亚的儿子，奥林波斯神们的信使，道路与边界之神，睡眠与梦想之神，亡灵的引导者，演说者、商人、小偷、旅者和牧人的保护神……

西方传统 经典与解释 HERMES
Classici et Commentarii

布鲁姆集

刘小枫 ● 主编

伊索克拉底的政治哲学

The Political Philosophy of Isocrates

［美］阿兰·布鲁姆 Allan Bloom ｜ 著
胡辛凯　朱雯琤 ｜ 译

华夏出版社

古典教育基金·蒲衣子资助项目

"布鲁姆集"出版说明

阿兰·布鲁姆(1930—1992)因其《美国精神的封闭》(1987)一书引发争议,不仅在美国名气很大,在我国读书界也名气不小。我们知道,他是出生于普通社工(social worker)家庭的才子:15岁上芝加哥大学,18岁本科毕业,25岁以研究古希腊修辞家伊索克拉底斯(Isocrates)的博士论文获得博士学位。

38岁那年(1968),布鲁姆翻译的柏拉图《王制》出版,并附有义疏,为他赢得了古典学家的声誉,尽管译文因严格按字面翻译而过于生硬,受到不少批评。同一年,布鲁姆还出版了他翻译的卢梭《就剧院致达朗贝尔的信》,11年后又翻译出版了卢梭自认为最重要的著作《爱弥儿》(1979)。无论柏拉图的《王制》还是卢梭的《爱弥儿》,都是大部头经典。我们可以设想,倘若不是哈钦斯(1899-1977)校长划时代地改造了芝加哥大学本科教育,确立起"阅读大书(Great Books)"的博雅教育理念,[①]布鲁姆这样的罕见才子恐怕不会把自己的大量人生时间用来翻译这样的大部头经典。

《美国精神的封闭》引发的争议让我们想起卢梭在39岁那年

[①] 参见哈钦斯等著,《大学与博雅教育》,落崖编/译,北京:华夏出版社,2015。

因《论科学和文艺》而引发的争议。尽管卢梭在其写作生涯的开端就惹事，布鲁姆惹事时已经57岁，他们惹事的性质都一样：挑明了民主政体必然会面临的公民教育难题。《美国精神的封闭》有这样一个副标题："高等教育如何导致民主失败和大学生心灵枯竭"（How Higher Education Has Failed Democracy and Impoverished the Souls of Today's Students）。在卢梭的时代，民主政体尚未形成，不可能谈论相应的高等教育问题，但《美国精神的封闭》与《论科学和文艺》所挑明的问题一以贯之：即便民主政体也应该封闭国家精神。

建立民主政体得凭靠哲学，民主政体建立之后，哲学自然会成为高等教育的基础。民主政体的基本特征之一是，智识人群体不再受任何建制约束，除非自己约束自己。由此不难设想，在开放的民主政体中，五花八门的哲学主张难免导致国家精神的混乱。《美国精神的封闭》表明：哲学的民主状态会危及民主政体的国家精神。布鲁姆去世前一年与同仁编辑过一部文集，他用书名及其副标题进一步挑明了这一问题。[1]

问题的吊诡在于："美国精神"恰恰是心仪民主政体的哲学家们打造出来的。建立民主政体首先需要靠自由的哲学破除原生性的政治生活的基本原则——民主政体建立之后，又需要阻止哲学的自由破坏民主政体的立国精神。布鲁姆呼吁"封闭美国精神"，

---

[1] 参见 Allan Bloom / Steven J. Kautz 编，*Confronting the Constitution: The Challenge to Locke, Montesquieu, Jefferson, and the Federalists from Utilitarianism, Historicism, Marxism, Freudism*，Washington, DC, 1991。

我们则仍需要致力于开放"中国精神"——我们的许多智识人会说,理由很简单:尚未"开放",谈何需要"封闭"。

除了翻译大部头经典和教书育人培育好学生,①布鲁姆还写过一些绎读西方经典的文章,以政治哲人姿态与破坏政治生活基本原则的民主智术师们搏斗。布鲁姆从自己的老师施特劳斯那里懂得:

> 就算人们真的不需要绝对意义上所讲的政治哲学,只要某种错误政治教导会危害某种合理的政治行为,人们还是需要政治哲学。如果芝诺未曾否认运动的真实性,就没有必要去证明运动的真实性。如果智术师们未曾破坏政治生活的基本原则,也许柏拉图就不会被迫精心营造他的《王制》。②

由此可以理解,布鲁姆绎释经典有两个显著特色:首先,以绎读文学经典为主——34岁那年,他就出版过《莎士比亚的政治学》(1964);第二,其文风表明他不是为学院人写作,而是为普通大学生甚至知识大众写作——这意味着布鲁姆自觉地在做反向启蒙教育。

西方文史上的经典大家很多,布鲁姆主要绎释的是柏拉图、莎士比亚和卢梭的作品。可以推想,他选择这三位伟大的西方经典

---

① 参见 Michael Palmer / Thomas Pangle 编,*Political Philosophy and the Human Soul: Essays in Memory of Allan Bloom*,Maryland,1995。

② 施特劳斯,《苏格拉底问题与现代性》,刘振、彭磊等译,北京:华夏出版社,2016,页125。

作家，与他思考自己的国家的政治生活品质有关。更明确地说，布鲁姆尤其关注古典作品中的"爱欲"主题，想必与美国大学上世纪60年代经历的"文革"有关。这场"爱欲解放"运动爆发时，正在康奈尔大学执教的布鲁姆才30多岁，他所经受的思想冲击恐怕不亚于我们所经历过的"文革"。美国的"文革"历时不长，其后续影响却未必逊于我们的"文革"。两种"文革"固然不可同日而语，却有着共同的品质：爱欲的民主化。由于"文革"后的中国更坚定了拥抱美国式"文革"理想的决心，布鲁姆对西方经典的绎读在今天也适合我们的脾胃。

《经典与解释》系列已经先后翻译出版过布鲁姆的若干著述，在一些热心朋友的建议和努力下，我们将布鲁姆的所有著述翻译过来（含未刊博士论文），结为专辑，以飨读者。

刘小枫
古典文明研究工作坊
西方典籍编译部丁组
2016年10月

目 录

中译本前言 …………………………………………… 1

导　言 ………………………………………………… 1

第一章　城邦 ………………………………………… 8

第二章　泛希腊主义 ………………………………… 59

第三章　修辞术与哲学 ……………………………… 134

结　论 ………………………………………………… 229

中译本前言

呈现在读者面前的这部《伊索克拉底的政治哲学》，是1955年布鲁姆在芝加哥大学社会思想委员会完成的博士论文，那一年他还不满25岁。与其他同门的施特劳斯弟子不同，布鲁姆并没有选择柏拉图或者亚里士多德作为其博士论文的研究对象。时至今日，我们已无从确定当时究竟是布鲁姆自己选择了伊索克拉底，还是施特劳斯(Leo Strauss)为布鲁姆选择了伊索克拉底。[①] 但无论如何，这一选择多少带有命中注定的味道。因为布鲁姆之后的经历表明，他有意无意地成了他那个时代的伊索克拉底——在《美国精神的封闭》(The Closing of American Mind)中，布鲁姆沿袭了伊索克拉底的教育范式(pedagogical paradigm)和文化计划(cultural agenda)。[②]

从风格上看，《伊索克拉底的政治哲学》是一部带有强烈施特

[①] 据说施特劳斯会依照学生的性格(或自然本性)来向其推荐研究对象。

[②] 参 Yun Lee Too, *The Rhetoric of Identity in Isocrates: Text, Power, Pedagogy*, Cambridge University press, 1995, 228-232。

劳斯印记的作品。施特劳斯本人的释经方法几乎成了布鲁姆的救命稻草(deus ex machina):在整部作品中,布鲁姆对施特劳斯方法论的直接指涉可谓俯拾皆是。这种写作风格在布鲁姆后期的成熟作品中是见不到的。可以说,当时的布鲁姆还是一个略显稚嫩的施特劳斯主义者。这或许也解释了为什么布鲁姆生前从未打算将其博士论文出版。①

然而,风格上的稚嫩并未影响解读上的激进。在《伊索克拉底的政治哲学》中,布鲁姆背负着极为艰巨的诠释任务,即"重新发现那个声名在外但其真实面貌却少人问津的伊索克拉底"。在布鲁姆看来,伊索克拉底在修辞学传统中的地位是尴尬的:"他对政治家来说太过哲学,而对哲学家来说则对当下和变化太过敏感。"结果就是,伊索克拉底几乎找不到他可以对号入座的位置。而布鲁姆要做的正是为伊索克拉底找到这样一个位置,他试图向他的读者表明,作为修辞家(rhetorician)的伊索克拉底远非全部的伊索克拉底。事实上,伊索克拉底不仅是一个修辞家,还是一个"苏格拉底式的政治哲人",因为他对政治制度(politeia)的关注和强调超过了其他一切。

那么,"政治哲人"伊索克拉底眼中好的政治制度究竟是什么?在第一章中,布鲁姆指出,伊索克拉底眼中好的政治制度的典范有两种。其一是雅典的祖传政制(ancestral regime)或"祖传民主制"

---

① 直到布鲁姆死后,布鲁姆的学生潘戈(Thomas Pangle)和帕尔默(Michael Palmer)才以节选的方式刊印了这部书稿中的部分内容。见 *Political Philosophy and the Human Soul*: *Essays in Memory of Allan Bloom*, Rowman & Littlefield Publishers, 1995, 15-34。

(ancestral democracy),①其二则是君主制或"有德性者指引的僭主制"。② 祖传政制的优势在于它民主而不民粹,这样的政治制度具有高度的一致性和稳定性。君主制的优势在于它能更好地践行分配正义,但这样的政治制度很大程度上有赖于运气,即碰上一个有德性的君主。也正因为如此,对伊索克拉底而言,"有德性者指引的僭主制"也是可取的政治制度——它类似于君主制,因为如果僭主"愿意听一个有德性的谏言者的话,那么过渡到君主制的基础就有了"。可以说,布鲁姆笔下的伊索克拉底延续了施特劳斯派眼中作为"民主批评者"的政治哲人的形象。

《伊索克拉底的政治哲学》的第二章转向了伊索克拉底的泛希腊主义问题。布鲁姆试图回答这个问题:伊索克拉底写作《泛希腊集会辞》的目的究竟是什么? 在布鲁姆看来,伊索克拉底的《泛希腊集会辞》并非真的像许多批评家批评的那样想要实际发动一场泛希腊主义战争。布鲁姆认为,伊索克拉底的泛希腊主义旨在保护"某种比任何征战或城邦都更为重要的东西",即希腊(雅典)的文化。对伊索克拉底来说,"最重要的是让希腊文化生生不息"。因此,伊索克拉底的泛希腊主义首先是一种文化上的泛希腊主义,即

---

① 伊索克拉底所谓的"祖传民主制",按照布鲁姆的说法,其实只是虚晃一枪。伊索克拉底之所以如此称呼祖传政制,是希望民众认为祖传政制是一种民主制,这样,民众"就无需因回归祖传政制而放弃他们如此珍视的民主特权(democracy privileges)"。

② 伊索克拉底从未以自己的名义赞扬过君主制,不过,这只是为了"保护自己免遭敏感的雅典民众哪怕是最轻微的怀疑——怀疑他拥护僭主制或者拥护任何与僭主制沾边的东西"。

"守护文明,抵制野蛮"(the defense of civilization against Barbarism)。这,在布鲁姆看来,才是伊索克拉底泛希腊主义的核心要义。

在《伊索克拉底的政治哲学》的最后一章里,布鲁姆回到作为修辞家的伊索克拉底与作为"政治哲人"的伊索克拉底之间的关系问题,或者更笼统地说,回到了施特劳斯派最为关注的哲学与修辞术之间的关系问题。伊索克拉底究竟如何看待他所书写的"政治话语"(politikoi logoi),如何看待他自己所从事的政治事业?在布鲁姆看来,伊索克拉底无疑受到了苏格拉底教诲的极大影响。对伊索克拉底来说,修辞术和哲学是同一的。修辞术不是"一门单纯糊弄人的骗术",它"完全可以作为传达最严肃思想的工具"。"修辞术在最高的苏格拉底的意义上就是政治哲学本身",而修辞家伊索克拉底,从这个意义上说,也是一个苏格拉底式的政治哲人。

本书的翻译由笔者和东南大学社会学系的朱雯琤老师共同完成。全书由笔者统校并定稿。感谢本书责任编辑的细心审读,也感谢我的父母长久以来对我工作的支持与理解。

胡辛凯

2020 年秋

于东南大学哲学与科学系

导　言

　　[1]不管是伊索克拉底的普通读者,还是希望捍卫其视角的解读者,都必须意识到其大多数作品的高度政治性。他是那种书写政治话语(politikai logoi)的人,①那种——用他总结其自身职业生涯的话说——与"希腊事务、皇室事务和政治事务打交道"的人。② 从他的那些演说辞来看,伊索克拉底似乎和君主以及政治家有着共同的愿景,似乎也把那些人的目标看作自身的目标。③ 然而,这一再显白不过的印象却是让很多对其立场的诠释翻船的暗礁。尽管伊索克拉底用议事性演说(deliberative oration)的形式来呈现他的材料,但传统上,那类材料几乎从不被视作议事性的;他的那些表述更像是"针对未来的神谕"(oracles for the future time)而非实践的计划。④ 我们很难将他视为伟大的古典修辞传统中的一员,这一传统包括了政治实践领域里的那些天才——伯里克勒斯和德摩斯梯尼。因为一旦我们将伊索克拉底与他们相比,我们就必须承认伊索克拉底是含混的,他缺乏具体性,也太过笼统。[2]一个人

---

① 《驳智术师》,21;《论财产交换》,260。
② 《泛雅典娜节演说辞》,11。
③ 《论财产交换》,46;《海伦颂》,5;《致尼科克勒斯》,8。
④ 《泛希腊集会辞》,171。

建议处在复杂政治局势之中的公元前4世纪的雅典回到梭伦时代的政治制度,①对此我们只能得出这样一个结论:除此之外别无他法。伊索克拉底更像是"站在政治之外"的人。② 当我们从政治家的视角去评判伊索克拉底时,他似乎太教条了。故此,有些人只好给予伊索克拉底负面评价,将其解读为迎合特殊政治局势的小册子作家(pamphleteer)。而随着这种解读方式大行其道,伊索克拉底的地位也降低了。

然而,在伊索克拉底身上似乎又存在着一些值得深刻赞美的东西,因此就有另一个学派将他视为理论家,视为柏拉图和苏格拉底学派的一个对手。然而,这并不怎么能挽救伊索克拉底的声誉,除非我们把对深刻性(profundity)的节制规避视作对激进问题的恰当回答。这些解读者所用以佐证其主旨的那些一般性论述(general statements),其实都只是些老生常谈,它们更像是为柏拉图就修辞和教育所提出的那些问题准备的原材料,而非对那些问题的回答。说"伊索克拉底认识到了不存在关于人类事务的精确科学,而意见和判断才是成功实践的根源",也并不能证明伊索克拉底的智慧。③ 因为从来没有哪个明理的人说过与此相反的话。这样一种主张完全不违背柏拉图,[3]伊索克拉底要是不知道他的见解是所有主要的古典思想家所共同享有的,那就实在是迟钝得出奇了。而如果伊索克拉底相信意见比知识更重要,那么他就有责任确立

---

① 就像在《战神山议事会辞》中那样。
② 《泛希腊集会辞》,171。
③ 《论财产交换》,271;《泛雅典娜节演说辞》,28—29。

起意见的地位,他必须继续他的探究,而不是仅仅满足于给出一些论断。如果修辞有助于达成某些目的,那么那些目的的重要性就必须得到阐明。这种探寻正是柏拉图在《高尔吉亚》中所做的,而不这么做的人就不是哲人。就像苏格拉底与卡利克勒斯(Callicles)之间不存在妥协,真正系统性的阐述与含糊不清的费劲表达之间也不存在中间地带。如果我们假定《驳智术师》(Against the Sophists)中的那些一般性论述就是伊索卡拉底思想的精华,那么我们就是在说,伊索克拉底既不能忍受无知和习成之见,也不能面对哲学的严谨。这无异于指责伊索克拉底平庸。依照这种观点,伊索克拉底似乎在修辞和哲学之间保持了一种危险的平衡,但与此同时,他又不让这两者履行其真正的职能。这样一来,对他的兴趣就退化成了考古式的好奇——对他作为一个教师,一个在公元前4世纪施展过巨大影响力的人,一个代表了那个时代寻常意见的人,一个模糊的理念论者(foggy idealist)的好奇。

所以,我们发现伊索克拉底处在一片介于修辞术与哲学间的无人之地上——对政治家来说太过哲学,而对哲学家来说则对当下和变化太过敏感。在将伊索克拉底放入滤网——学者们所达成的共识——过滤之后,我们唯一可以说的是,他是一个非凡的文体家(stylist)。造成伊索克拉底这一诡异位置的是这一事实:[4]当我们将他视为和德摩斯梯尼(Demosthenes)有相同追求的人时,我们发现他有不足;而当我们对照柏拉图来衡量时,他又显得琐碎。因为他已经失去了他可以对号入座的位置,所以他的思想也几乎不再被严肃对待。柏拉图和德摩斯梯尼的位置之所以稳固,是因为他们太过显豁,以至于很难被完全误解。但很有可能,伊索克拉底被发配到灵泊(limbo)也不完全是他自己的错,而是我们使用的范畴并不合适。也许存在着某种可以解释这样一个人的活动的"第三类追求"(third pursuit)。试图以伊索克拉底本人理解他自己的方式去理解他的所作所为毕竟十分罕见,我们总是用我们现成的关于哲学与修辞的范畴及所含概念去理解伊索克拉底的行为。

那类希望首先理解伊索克拉底本人的解读者会遇到许多问题。首要的困难是,演说——仅仅因为它们是演说——只是一个人理性世界观的局部展现。演说必然是不完整的,因为演说面向某个特定的主题或某一群特定的听众。整体只能从观看整体中重构出来,而一场演说本身是无法提供那一整体的。这与试图重构一个在不同戏剧中、在不同人物身上强调不同东西的剧作家的观点并非完全不同。任何一段文字如何能被视为作者本人的观点,这一直是一个问题。我们无法肯定地说哈姆雷特就是莎士比亚,也无法将苏格拉底在《普罗塔戈拉》中的观点等同于柏拉图本人的最终观点。类似地,我们也不能想当然地将伊索克拉底在雅典公民大会上发表的习俗化演说(conventionalized speeches)看作是他的最终观点。[5]这当然不是说伊索克拉底弄虚作假,而是说,我们不能指望他的那些更有分量的思想——那些或许会限制他的一些政治论述的思想——会出现在大众媒介之中。其次,由于伊索克拉底的目的是使人变得更好,①而不是去实施这一或那一具体的政策,因此我们必须理解那一目的的具体特征,以便理解为什么伊

---

① 《致德摩尼库斯》,4;《泛雅典娜节演说辞》,87。

索克拉底相信他提议的政策会有助于实现这一目的。目标更直接、具体、清晰的作者，其作品会有一种容易理解的特性，但伊索克拉底的作品没有这种特性。就一个像德摩斯梯尼这样的人来说，从他那些显而易见的目的——比如阻止腓力（Philip）的扩张，保护希腊的自由——出发理解其提议的政策是可能的。因为历史背景和德摩斯梯尼的政治角色让他的举动变得一目了然，在他身上，我们无需寻求任何理论层面的精妙。但伊索克拉底站在政治生活之外，他试图改变政治生活的整个轨迹。他所处时代的那些历史事件并不足以解释他的目的，它们只是提供了具体的场景。我们必须找出他所寻求的"好"究竟是什么，以便搞清楚为什么他会选择那些演说主题。问题的关键是要像伊索克拉底思考的那样去思考，而这一共同的视野，在伊索克拉底的问题上，无法由任何现成的历史导引来促成——虽然这些历史导引在其他许多情况下有助于描绘出一条真正的轨迹。

伊索克拉底似乎是一个复杂且微妙的人，这一事实使状况变得更为复杂。比如，他最有名的演说，《泛希腊集会辞》（*Panegyricus*），华丽而不失优雅，[6]它以恢弘的修辞风格劝勉希腊人发动一场针对蛮夷的泛希腊战争。在与之相对应的一篇演说中，他告诉马其顿的腓力，他为其写这篇演说辞，是为了向聆听颂扬演说辞的听众说话，而这等于没向任何人说话。① 又比如，在《泛雅典娜节演说辞》（*Panathenaicus*）中，伊索克拉底明确地赞扬了雅典人。但他使用了一种极为奇特的赞扬手段。他试图反驳一个斯巴达人可

---

① 《致腓力辞》，12。

能做出的所有指控,以便为雅典人辩护。伊索克拉底通过指出斯巴达人自己做得更坏而驳回了他亲自提出的那些指控,但与此同时,这也隐晦地承认了雅典人的不检。结果这篇演说反成为对雅典人的一次毁灭性指控。所有这一切意味着什么,我们很难说。这些因素——部分包含在伊索克拉底目的的本质中,部分包含在修辞术的本质中——使伊索克拉底成为文本诠释的顶级难题,因而值得我们仔细参详。

我认为我们永远也不能利用伊索克拉底——即使是为了历史性的信息——除非他已被我们充分理解。准确的史学研究(historical scholarship)也如此要求。伊索克拉底是否表达了某些我们从其他文献中知道的态度或立场,最终取决于我们对伊索克拉底目的的理解。比如,说伊索克拉底相信半神们的史实性(以及说其他人因此也很有可能相信),意味着解读者知道伊索克拉底提到它们是为了什么修辞目的。在这类情况中,伊索克拉底有可能是非常严肃的,或者也有可能这是一种说话的方式,又或者伊索克拉底只是在利用通常最受人尊敬的信仰,作为其实现某些更深远目的的手段罢了。[7]弄清这个问题要求某种比我们目前所拥有的更全面的知识。如果过去不应是一大团不发声的事实(从这些事实出发,每一个时代和每一种偏见根据其特有的关注点——不管这些关注点是宗教的、理智的还是实践的——各自重构出一套论述),那么诸如这般的研究就是基础性的。伊索克拉底是一个宝贵的史料来源,但只要他的目的、内容和技艺还没有被完全理解,他就同时也是一个有问题的史料来源。我会试着贡献这样一种理解,即仅仅用伊索克拉底自己的话来解释他,而不是将他与别人或他那个时代的事件联系起来,除非他自己向我们指出了此类外部来源。本文旨在更可靠地确定伊索克拉底的意图,保护他免遭那些只想掠夺他财富中的某一或更少部分的突袭,同时也旨在发现那个声名在外但其真实面貌却少人问津的伊索克拉底。

第一章 城邦

一

[8]对于伊索克拉底,困扰现代读者最多的问题是,为什么这个极具反思性的人总是避免从经济的、社会的或历史的角度,而单单从政治的角度来分析事件与政策?这是严肃解读任何一个伟大古典文本的人都会碰到的问题,而很大程度上,正是因为伊索克拉底尤其清楚地反映了这一关切,他才得到了人们经久不衰的关注。

我们首先要注意到,伊索克拉底将政治生活视为人生命中的人性化因素(humanizing element),即把人和野兽区分开的因素。这并不是说活在城邦中就可以防止人们像野兽一样对待彼此,而是说伴随着政治化,某种在公民社会之前并不存在的新东西也随之出现。人有一种正向的政治潜能,它若得不到实现,就会使生活不值得过。就像自然似乎迫使人去生育一样,人的政治能力也迫使人加入政治共同体。城邦(polis)是一种共同的生活方式,这种生活方式和每个个体参与者脱离城邦后所能得到的生活方式有着本质上的不同。①

---

① 对伊索克拉底来说,这是一个非常重要的主题:人的方式就是城邦的

[9]伊索克拉底不认为人可以脱离这样一种联合而被理解为人,因此,他也不认为法律这东西仅仅是为了限制那些先于法律的、寻求最大欲望满足的驱动力。① 一个如此构想出来的人会缺少某样东西,光有身体而没有心灵。正因为如此,伊索克拉底绝不可能去认真考虑一种倾向于非政治地看待自由,将自由等同于想做什么就做什么的解读。他也不会认真考虑某种将法律单纯视作在限制兽性——这种兽性阻碍人共同存在——的解读。因为法律旨在教化而非限制,因为法律定义了一种生活方式,所以,自由就是运用法律的能力,这种能力与奴隶的那种无能——无法参与那些使人变得真正自由的活动——形成鲜明对比。自由永远不可能是目的上的唯一极点,因为成为一个人的过程预设了对某些潜能的限制,而当这些限制被制度化地加以表达时,它们就成了法律。② 政治不单单是人性的保护性附件(protective adjunct),它和人性是共同存在的。而其他一些词,比如"经济",只有通过政治才能得到理解,因为它们仅代表了建立公民社会的那种需求的一部分。单独地分析这一方面将会造成对它的误解。

[10]这种对政治生活的理解有其内在问题,并且这一问题极

方式,人区分好坏的能力发展自他从小受到的教育,而教育与他所在的城邦密不可分。只有通过阅读伊索克拉底的文本,这一点才能得到完全证实,但《战神山议事会辞》(Areopagiticus)是一个绝佳例证证,明伊索克拉底相信城邦是自然的、且人只有通过城邦才能实现其人性品质(human qualities)。他从不认为城邦只是一种习俗性的东西,也不认为城邦不符合人的自然本性。

① 《泛希腊集会辞》,78;《战神山议事会辞》,41;《泛雅典娜节演说辞》,144。

② 《战神山议事会辞》,20。

有可能向当代人呈现为：伊索克拉底赋予了国家那些现在一般被视为社会职能的东西——这里的社会指的是人碰巧活在其中的道德、文化、文艺、宗教和种族框架，而国家指的是宪政组织（constitutional political organization）。我们都知道，希腊城邦是这些因素的混合——它既是国家又是社会。城邦，在这种理解下，吸收了社会环境为个体的社会化所提供的那些独立因素。但若要正确理解伊索克拉底，最关键的就是要意识到，在伊索克拉底那里，国家与社会没有区别。对伊索克拉底来说，城邦是一个自然的统一体。在他看来，国家与社会间的这种区分并没有将城邦分裂。他认为，被社会所规定的生活的各个方面都是 politeia，即都是占主导地位的政治制度的结果，①而非合法的独立因素的产物。② 诚然，某些机制，比如消费品的生产，不管在什么时候都被认为是免受法律控制的，但伊索克拉底绝不认为这决定性地证明了"国家-社会"这一区分是必然的。他会说，那种认为这类活动本质上非政治的假设，肇始于某种对国家和法律不充分的甚至死板而陈腐的定义。[11] 此外，尽管这类独立机制确实存在，但其自主性（autonomy）也全靠它们那被习惯和品味所决定的地位，而这些习惯与品味都是政治制度的产物；当习惯与品味发生改变，或者当情况发生改变时，这些机制就必然被重新定义，甚至服从于实在

---

① 伊索克拉底在使用 politeia 的时候经常怀揣大量微妙的意图，因此我将始终采用 politeia 这个词的拉丁转写形式。对这个词的任何翻译都是武断的，事实上，没有一个英文单词能够准确对应于它的丰富涵义。politeia 是伊索克拉底政治思想中最重要的词汇。

② 《战神山议事会辞》，28。

法(posit law)。完全的言论自由权,只有当公民们能习以为常地区分自由和放纵时,才是可能的;而如果他们不能区分,就需要权威的介入。任何试图划定真正分离和完全独立,不受政治影响的领域的尝试,注定只会陷入不断的重构(reformulation)。而如果真有这样一个领域成功地如此塑造了自身,那它必定怀有叛心,即使没有表现在行动上。

在讨论政治事务时,伊索克拉底几乎不可避免地总是回到对政治制度这一问题的论辩上来。他说道:

> 因为一个城邦的灵魂不是其他别的什么,而就是它的政治制度。政治制度掌控城邦就像智慧支配身体一样。政治制度是统筹一切的东西。它力求保存好的事物,避免不幸的事情。法律、演说家和公民都必然会变得与它相似,而每个人都会照它行事。①

因此,最重要的是要明确伊索克拉底所谓的"政治制度"(politeia)究竟是什么意思。但要分析这个词困难重重,因为它包含了对社会生活某些方面的追忆,而这些方面如今一般已不被归在一起了。最可被人感知的方面是:政治制度就是宪法,即政府的形式。但"政治制度"这个词所强调的更多是它实质性的方面,[12]即实际的权力分配是怎么样的,而不是一套规则与章程。政治制度不是

---

① 《战神山议事会辞》,14。[译按]如无特殊注明,伊索克拉底的所有中译引文皆取自《古希腊演说辞全集:伊索克拉底卷》,李永斌译,吉林出版集团有限责任公司,2015。译者在引用时稍有改动。

成文法。公民的主权行使机构(the sovereign body of citizens),即政府(politeuma),等同于政治制度。① 由于政治制度各不相同,按照各自政治制度行事的人,以及各个城邦中人的生活方式,自然也各不相同。比如,寡头制的斯巴达只把很少一部分居民当作公民,其余的人不过耕种土地,满足统治阶层的需要。而在民主制的雅典,公民群体要更为庞大,那些本来在斯巴达要天天耕地的人,现在天天坐在法庭上。不同的政治制度开发人的不同潜能,从而组织起公民的和非公民的生活。正是在这里,国家与社会出现了交汇。伊索克拉底相信,政治制度决定了城邦的生活方式。从这个意义上说,政治制度就是城邦的生活方式。事实上,要不是"生活方式"这个词缺少了伊索克拉底意图中那一核心的政治内涵,它本来是对译"政治制度"(politeia)的一个极好的词。②

如果加以反思,这点会变得尤为清楚。事实上,人们所追求的生活模式,他们的目标,很大程度上是被其共同体所尊敬的东西,被他们所敬仰的东西,即被共同体所确立的理型(the community ideals)决定的。[13]现实当权者们所呈现的那些受到尊敬的东西会产生出一种倾向,而这种倾向在引导人的生活时起着巨大作用。③ 在一个尚武好战的共同体(militaristic community)中受尊敬

---

① 《战神山议事会辞》,76。
② 要想完全明白这点,我们必须阅读整部《战神山议事会辞》以及《泛雅典娜节演说辞》的第 112–155 段。要记住,伊索克拉底总是将他提到的各种不同的因素与政治制度联系起来。
③ 《致尼科克勒斯》,31;《尼科克勒斯或塞浦路斯人》,37;《致德摩尼库斯》,36;《战神山议事会辞》,27。

的人和行为,与在以贸易和宗教价值为核心的共同体中受尊敬的人和行为,可能有很大不同。政治制度有着双重效应:它设立人们追逐的目标和需要养成的习惯;与此同时,它也自然地倾向于选择那种将会获得权力和受到尊敬的人,因为他们会在追求那些目标的过程中脱颖而出。当雅典成了一个海上强国,急需大量为船只划桨的水手时,一个新的阶层就成了它权力的基础,而雅典的政治制度也因此发生了激烈的转变。① 平民身上所蕴含的新力量要求对"公民身份"这个概念进行革新:那些能够履行这些责任的人的品质成了共同体的标准。每一种政治制度都有其特定的目标,这种目标构成了它的特征,并指导着它的发展方向。由此,我们不难理解为何伊索克拉底能如此宽泛地思考政治影响力。虽然政治制度影响到方方面面,但这并不要求它具有极权主义特征。其影响很大程度上是通过风俗习惯的潜移默化达成的。任何了解那些人际关系紧密的小城镇的人都很清楚,当地的风俗行为并没有多少出自当局的实际干预。但伊索克拉底主张,风俗行为的特征其实是统治阶层影响的结果。他会承认,某些情况下,那些受人尊敬的追求之间存在着冲突,但他会把这看作是一个具有混合特征的政治制度——"混合特征"必然包含了某些终极利益冲突。在那种罕见的情况下,即当一个城邦——没有任何可辨识的特征时,伊索克拉底会说,那种政治制度已经濒临死亡,而那个城邦也随时都会走向僭政。那种政治制度不再代表共同体之中真正的权力平衡,因而不可避免地面临着重组以及其他附

---

① 《泛雅典娜节演说辞》,115–116;《论和平》,79。

带的危险。正因如此,伊索克拉底才拒斥大型的政治共同体,因为它太不稳定了。① 大型共同体有太多可能发生变化的地方,从某种意义上说,它超出了人生能自然掌控的范围。如果政治制度要充分施展其影响力,那么生活于其下的公民就必须面对面地相处。不然,人们在寻求美好生活的过程中就得独自应付各种外来的影响——这些影响有的好,有的坏。但伊索克拉底认为,人是这样一种动物,即如果让那些随机的力量来主导他们,就会招致坏的结果。一个被迫放弃教化其公民这一真正职能的政治制度,本质上是一个坏的政治制度。② 最终,那些无法被整合的因素会成为城邦的顽疾。他因此这样描述公元前4世纪雅典那败坏的政治制度:

> 因为雅典如此庞大,生活于其中的民众如此之多,我们的城邦并不那么容易被看全,也不容易被看清。但就像那冬天的洪水,不管它想要追上什么,无论是人是物,最终都会付诸东流,而在某些情况下,它又给自己建立了它完全配不上的名声。③

在伊索克拉底眼中,政治制度要对一切负责。人是一种社会动物,他通过政治生活意识到他自己固有的、适合于他的目的。他被文明化的方式,他于其中被塑造的政治制度,便是将他与其他人区分开来的因素。他们的政治制度决定了他们期望和欲求的范围,也决定了他们的实践。④ 将希腊人与希腊人以及希腊人与蛮夷区分

---

① 《论和平》,89。
② 《战神山议事会辞》,20,37,43,46-49。
③ 《论财产交换》,171-172。
④ 《致腓力辞》,127。

开的关键,就是他们的政治制度。① 很大程度上,伊索克拉底著作中所流露出的对蛮夷的憎恶与轻蔑,都可以从这个方面来解释。

> 因为在那种教育和统治之下成长起来的人是不可能具有任何德性的,也不可能在战场上立记功柱。在他们这样的生活环境里,怎么可能产生睿智的将军或勇敢的士兵呢?他们的人绝大多数都是乌合之众,没有接受过训练,没有冒过危险,没有勇气打仗,与我们的奴隶比起来,他们倒是受过更好的卑躬屈膝的训练。甚至他们当中那些最有名望的人,也不是为了追求平等,为了增进公众的利益,或者是为了对国家尽忠而生活;相反,他们一直以来都是对一些人傲慢无礼,对另一些人奴颜婢膝——这最能使人快速败坏其本性。由于家资殷实,他们过着奢侈的生活;又由于处在君主统治之下,他们的灵魂则处在卑贱怯懦的境地;他们在官门外列队等候,诚惶诚恐地跪拜。他们所有的行为都显示出他们灵魂的渺小。他们在有死者面前下跪,奉他为神,由此,他们对神比对人还轻慢。②

蛮夷缺乏那或可称作"希腊理念"(Greek idea)的东西,由于其骨子里的半兽性,由于其人性的缺失,人合当像与野兽交战那样与他们交战。希腊人与蛮夷之间之所以存在巨大对立,是因为希腊人是文明人,而蛮夷不是。说伊索克拉底在评判蛮夷时盲目跟从了一

---

① 《泛希腊集会辞》,16,151。
② 《泛希腊集会辞》,150-153。

种种族中心主义的传统,这是不公平的。[16]他的立场有其道理,而且当伊索克拉底指出迦太基人是被治理得最好的民族之一时,他无疑承认了蛮夷也可以拥有好政府。① 但他了解蛮夷,他知道蛮夷大体上是人类中被治理得最差的。波斯人从未为自己创造过任何得体的政治生活这一事实也向伊索克拉底表明,他们的自然潜能多少低于希腊人的自然潜能。对蛮夷来说,拥有德性并不容易,也无法不用武力就让他们拥有德性。

伊索克拉底认识到,同样类型的公民团体(citizen bodies)很可能会选择同样的实践方案。② 来自相同阶层、职业和教育背景的人亦是如此。他们的选择往往带有某种相同的印记。政治思想的任务是去讨论行为的合理目的,并把这些目的与可能且现成的统治阶层的种类联系起来。正因如此,对伊索克拉底来说,政治制度才比法律更可敬。法律是达成目的的手段,而对那些目的的证明先于对法律正义性的判定。例如,只有当社会普遍认同平等这一价值时,课税平等化才能被认为是合理的。而那些最有趣的情况也与此同理。某种更基本的东西才是恒定的参照点,因此,法律的理论地位在伊索克拉底笔下遭到了一定程度的贬低;正因如此,政治科学永远不可能只研究各种法律和机制,而是要研究阐明这些因素的力量。伊索克拉底这样说老派雅典人(old Athenians),一个好城邦的邦民:

[17]他们认为德性并不是通过法律,而是通过日常的生活实

---

① 《尼科克勒斯或塞浦路斯人》,24。
② 《战神山议事会辞》,78。

践才培养起来的。大多数人最终获得了那些他们耳濡目染的习惯。进一步说,他们认为存在众多专门的法律是一个城邦管理不佳的标志。因为正是为了建立堤坝防止罪恶入侵,他们才被迫制定很多的法律。那些管理良好的人则不需要将法规刻在他们市政广场的柱廊上,只需要在他们的灵魂中拥有正义即可。因为管理好城邦靠的不是立法,而是习惯。那些从小接受不良教育的人会敢于违反细致入微的法律,而那些从小接受良好教育的人甚至会乐意遵从简单的戒令。①

各种政治制度对伊索克拉底的重要性在《战神山议事会辞》(*Areopagiticus*)里有很好的体现,从这个意义上说,仔细研读这篇演说辞颇有启发性。演说辞旨在谈论公共安全。② 这是雅典公民大会可能出现的最重要的一种演说辞,而这个题目通常只会用在发生最严重的危机时,比如遭到了侵略、发生了瘟疫等等。伊索克拉底用这种方式将演说设定在了可能出现的最值得注意的情况当中——这个情况很可能会得到所有雅典人的关注。然而,在这里并没有什么战争或革命。伊索克拉底没有提请听众注意这样的演说通常会说到的那些明显的威胁,相反,他甚至感觉他不得不将听众的注意力转到那个促使他上台演说的问题,那个对听众来说甚至未发生的问题上来。

伊索克拉底描述了他眼中他们的不安定处境,然后说,那不是一种偶然出现的状况,而是"我们就该遭受这样的后果。因为那些

---

① 《战神山议事会辞》,40-41。
② 《战神山议事会辞》,1。

没有全方面地考虑治邦的人必定一事无成。[18]即使他们在某些事情上获得了成功——不论是通过运气抑或某个人的德性——他们要不了多久还是会再次陷入相同的麻烦当中"。① 而全方面地考虑治邦恰恰是政治制度的任务,并且如果我们要在城邦事务上有所改进,那么政治制度就必须相应地做出改变。因此,公共安全取决于政治制度,这是《战神山议事会辞》给出的教诲。那种对实践人(men of action)而言脱离实际的东西,对那一处境来说却是根本性的。伊索克拉底接着描述了一个更好的政治制度的轮廓,然后展示这样一种改变会带来什么样的结果。这些结果既包括我们期待政治制度改变所带来的那些非常笼统的东西,也包括男孩子们的庄重、奴隶们的行为以及人们对待财富的态度。所有与城邦的行动息息相关的东西,以及人的习惯和态度,都是政治制度所造成的。就好像灵魂而非四肢才是人所有行动的真正原因,政治制度才是城邦行动的真正原因。以上就是《战神山议事会辞》这篇演说辞的结构,而几乎在伊索克拉底所有的政治演说辞中,我们都可以看到类似这样的结构。

所以,在解读伊索克拉底完整的政治思想时,我们必须关注政治制度,因为政治制度在伊索克拉底看来有着其他因素都无可比拟的决定性作用。它不仅仅是一个具有理论意义的工具,它同时还具有实践上的意义——政治制度是可以改变的。向着更好的方向改变可能只会出现在一些罕见的情况下。但政治制度是一个政治地可感的因素(politically tangible factor)。

---

① 《战神山议事会辞》,11。

[19]这意味着,当城邦的状况开始变坏或者人们开始堕落时,造成这种局面的原因是很容易确定的,并且对此作出改进完全在人的行为掌控之中。

理解"政治制度"这个概念的用法是理解伊索克拉底全部著作的必要条件(sine qua non)。首先,一旦我们确定了伊索克拉底眼中政治制度的根本特征,我们就会发现,事实上他与其他公元前4世纪的政治哲人,比如柏拉图和亚里士多德,别无二致。他们的旨趣大致相同,并且他们都认为必须首先关注政治制度。事实上,他们的具体建议都跟建立一个良好的政治制度有关。当伊索克拉底提议在海事政策或教育中进行特定的改革时,这种改革总可以追溯到对当时政治制度的某种批评,并且他提议的改革中事实上隐含了改变当时政治制度的诉求。对所有具体的事务而言,政治制度是一个整合性概念(integrating concept),若不参照此概念,这些具体事务的意图就会被误读。或许就是因为这个原因,伊索克拉底的演说有着寻常议事性演说所没有的抽象口吻(abstract tone)。他使用大众话语(popular discourse)的主题和形式,并通过使用它们来表明那些寻常讨论自身指向更遥远从而更深刻的问题。这就像是,为了表明在所有现实的讨论背后隐藏着理论问题,一个有智慧的现代政治思想家会用新闻社论的形式,去呈现那些比寻常出现在社论里的问题来得更深刻的问题。[20]这样一种形式会立即抓住读者,让读者更有效地认识到问题之间的关联性,同时也会向读者展示诸如此类的政治哲学问题是如何产生的。伊索克拉底使用政治演说,即那种在雅典用来提出有关共同善问题的寻常演说形式,去表明这些问题必须更深刻地加以把握。因此,伊索克拉底以一种不同寻常的方式使用着传统的材料,这也使他自己暴露在不够严肃地对待寻常事物和过分强调无关之物的指控之下。正因为如此,解读者有义务比在通常情况下更彻底地践行伊索克拉底的首要德性——仔细和审慎,以便在确定伊索克拉底意图的过程中摒弃所有偏见。

其次,伊索克拉底对政治制度重要性的洞见也表明他在寻求一个好的政治制度,而他真正倡导的东西能够在那些受到他赞扬的政治制度中找到。在上面那段引文中,伊索克拉底说政治制度的力量要比城邦的力量大得多,正如智慧的力量要比身体的力量大得多。正是在这里,智慧,或者智慧的缺乏,出现在了政治生活中。政治制度的建立仰赖于人的先见。此外,因为政治使人完满,因为只有城邦的创生才会唤醒人性,所以人之为人的卓越才跟政治制度密不可分。正如不能将工具的德性与它的用途分开理解,我们也不能将一个人的德性和城邦分开理解。一个有德性的人的需求在一个可能的政治共同体中可以得到满足,国家与个人之间并不必然存在冲突。[21]政治上有德性的公民团体(politeuma)只是大写的个体德性,因此,好人(good man)的概念在本质上等同于好政治制度(good politeia)的概念。在伊索克拉底那里,公德和私德没有区别,城邦所追寻的目标也不会与个体所追求的善分离。政治要求考虑"小道德"(small morals)。① 寻求美好生活——就其可在政治生活中被发现而言——其实只是在寻求那个倾向于以最好的方式规划和生活的公民团体。

---

① 托马斯·霍布斯,《利维坦》,第一部分第六章。

二

因此,关键的问题是:对伊索克拉底来说好的政治制度究竟是什么?他在《泛雅典娜节演说辞》中这么说道:

> 照我说,只存在三种政治制度:寡头制、民主制和君主制。生活在这些政体中的人总是愿意把政府和一般事务交托给那些能最好也最公正地完成他们的事务的人——这些人能够使这三种政体都能运行良好,不管是内政还是外交都能如此。但那些把领导权交付给最无耻最堕落的公民的人,那些从不为城邦利益考虑而只想着扩大自己的私利的人——这些人的城邦被管理的方式和他们领袖的邪恶步调一致。还有第三类人,不同于我已经提到的那两类人:当他们信心十足时,就会重用那些讨他们欢心的人,而当他们感到害怕时,就会跑去向那些最好、最智慧的人求援——这种人可能会做好事,也可能做坏事,依情况而定。①

因此存在着三种政治制度,每种政治制度都有两种形式——一种是单一的,另一种则是混合了最好的人的统治——贵族制。单一的那种政治制度的特征就是它受个人利益或阶层利益支配,而第二种政治制度则以它的公共精神、以那些关心整个城邦的人著称。[22]所有好的政治制度都致力于将荣

---

① 《泛雅典娜节演说辞》,132。

誉给予这类人,而把正义赋予剩下的公民。伊索克拉底因此同意苏格拉底的方案,即让有德性的人统治。他看到,有一种人有能力让他们的个人利益与整个城邦的利益保持一致。让这样的人来统治是必要的。

但我们不禁要问:在这三种政治制度中,是否有一种——靠着其制度的自然本性——最有可能选择好的人来当统治者呢?一个政治制度想要保持稳定,就必须有某种针对人的德性的制度性表达(institutional expression)。这点尤其困难,因为人的财富和出生多少还相对容易看出来,但令人满意的德性检测却从未被设计出来。

要想搞清楚当伊索克拉底区分一个政治制度的两个阶段(有公共精神的阶段和败坏的阶段)时,他究竟在暗示什么,我们只需要看一看,现实中的他在公民大会上说到雅典政治制度的历史时对雅典民众说了什么。伊索克拉底总是将两种极端的政治组织形式置入雅典的语境:第一种拥有绝对的德性,而另一种则完全堕落。那种好的政治制度是雅典英雄时期的民主制,而那种坏的政治制度则是伊索克拉底所处的公元前4世纪雅典的民主制。伊索克拉底为上台演说的自己描绘了一副雄辩的形象——他是智慧谏言者的典范,忍受着那些只聆听投其所好的演说家的乌合之众。这一行为本身证明了伊索克拉底此前所言不虚——他曾对一种做得糟糕(fare ill)的政治制度给出定义(这种政治制度听从的是一群无规矩的乌合之众偶然的心血来潮,而不是接受智慧人的指引)。

[23]……尽管同样严肃地对待共同善和你们自己私人的善是正当的,但你们对这两者的判断却不尽相同。因为当你们要就私人事务寻求建议时,你们会找那些智慧高于你们的人,但当你们代表城邦出席公民大会时,你们却不信任并且嫉妒这样的人,而是培养出了那些站在你们面前的最堕落的演说家。民主的你们偏爱喝醉的人而不是严肃的人,偏爱没头脑的人而不是有智慧的人,偏爱瓜分城邦财产的人而不是自己出钱为公众服务的人。因此,若有人想要城邦一面任用这样的谋士一面却又追求更好的东西,我们理应感到惊奇。①

上述文字是印证伊索克拉底此前所言的绝佳例子:一个多少区分私人事务和公共责任的城邦。公职已经成了私人发家致富的来源,再不是人出于责任感而承担的某种负担。僭政只不过最厚颜无耻地表现了对唯利是图的拥护,对最显豁的善的全然拒绝——这种拒绝甚至都不愿对正当的形式(proper form)表达虚伪的尊重。② 在这样一种政治制度下,人们会觉得公职是可欲的而非强加在他们身上的,因此想发家致富的人就霸占了大部分公职。而那些成功掌权的人也是最擅长讨好选民的人。由于在随大流与随良知之间总是存在着某种张力,因此,那些最无顾虑的人最有可能取得胜利。而由于公共政策是身居高位的人制定的,因此,整个城邦实践的方向就不会朝向有益的东西,而是朝向流行的东西和

---

① 《论和平》,13。
② 《论和平》,91。

有利可图的东西。政治最大的掣肘在于那些无助于城邦目的的次要动机的出现,而一个好的政治制度则会将那些自私的力量限制到最低程度。

[24]更好的那种人——仅仅因为他们更好——成了人们最不信赖的对象。民众煽动家害怕他们,意识到自己会被这样的人一眼看穿。民众不信任那些君子(gentlemen),因为君子不愿意讨好别人,并且民众感觉君子并不完全和他们的政治制度相一致。① 事实上,这种不信任并非完全没有道理,因为尽管这些君子自我约束,但他们仍不可避免地渴望一个更好的政治制度,同时他们也意识到自身正处在十分危险的境地。在《论财产交换》中,伊索克拉底讲述了公元前4世纪雅典最伟大的战士与政治家提谟忒乌斯(Timotheus)的故事。② 提谟忒乌斯拥有君子该有的一切德性;他还取得过许多著名战役的胜利,极大地提升了雅典在泛希腊城邦中的名声。但他却没有能力成为一个受欢迎的民主领袖,并且也无意成为这样一个领袖。最终他被指控渎职并被没收了一大笔财产。提谟忒乌斯所处的阶层并没有什么渠道让其自身的重要才能发挥作用,甚至都不能保障这种才能的存在。当时的主流情感抵制这样的才能。这一事实本身足以让伊索克拉底认识到有什么地方不对,他必须设计一种政治制度来保护像提谟忒乌斯这样有价值的人的权利。

伊索克拉底本身就是智慧在这些时代缺席的一个例子。这

---

① 《论和平》,133;《论财产交换》,315-317。
② 《论和平》,101-139。

一点最清楚地表现在他对自己平生著作的总结当中：他的总结是以当着雅典民众的面发表辩护辞的形式写的。[25]他似乎认为，述说自己功绩的最恰当的方式，就是在论述时假设自己的生命正遭受威胁。这基本上描述了他与雅典人的关系。而在他讲到那些使他游离于政治之外的个人缺点时，这种关系表现得尤为充分。他多次说到他没有足够的胆量去过那种积极的政治生涯。① 这通常被看作一段个人独白，字面的意思就是它的全部。这样人们就会得到一个腼腆的伊索克拉底的形象，似乎他之所以转向著书立说，是因为某种偶然的挫折阻止了他参与政治事务的野心。然而这一描述与我们印象中伊索克拉底的性格——这一印象来自他对自己的其他评价——并不相符，并且伊索克拉底对他自己的追求有着十分崇高的看法，不可能仅仅将其视作一个避难所而非某种更加重要的东西。② 我们只需要去看一看《致尼科克勒斯》就会发现，当伊索克拉底说自己缺乏胆量的时候，他其实向我们暗示了更多的东西。在那里，民主制并不从最明智的公民里挑选谏言者，而是从最大胆的人里挑选。③ 在伊索克拉底看来，胆量并不是一个值得欲求的品质；它是缺乏节制（moderation）的表现。④ 事实上，正是胆量让伊索克拉底远离了政治。但这是雅典的缺点，而不是伊索克拉底的缺点。打仗需要胆量，但要判

---

① 《致腓力辞》，81；《泛雅典娜节演说辞》，10；《致狄奥尼修斯》，9；《致米提林的统治者》，7。
② 《论财产交换》，80-82，15；《致米提林的统治者》，10。
③ 《尼科克勒斯或塞浦路斯人》，21。
④ 《泛希腊集会辞》，77；《论财产交换》，89。

断打仗是否明智,却轮不到胆量来决定。雅典人要的是那种什么方案都敢采用的人——[26]只要那些方案有助于维持雅典人的力量,增进人民的感情。① 但在伊索克拉底看来,即便是这些人中最好的,即那些拥有领导天赋且能随机应变的人,比如伯里克勒斯,②也在损害城邦。因他们的计划而产生的败坏为希珀波吕斯(Hyperbolus)和克里奥丰(Cleophon)这样的人上台打下了基础,也为胆大包天的僭政(tyranny)埋下了伏笔。③ 就此而言,伊索克拉底的形象指出了雅典政治制度存在问题的地方。只要在政治上没有他这样有智慧的谏言者的容身之处,那个城邦就注定会有危险。这个例子体现出一种表达上的微妙,促使读者走进伊索克拉底书写方式中的另一面,这一面对理解他来说至关重要。任何对伊索克拉底的全面理解,都必须至少部分地基于对其在各个场合下所采用的自我形象的解读。伊索克拉底经常说到自己,这可不是虚荣或自我反思,而是有意为之。在每一个例子中,他都教导了一些东西。若比较这些论述,真正的伊索克拉底的形象就会慢慢浮现出来,但分开看它们中任何一个则无此效果,因为这些论述绝不仅仅是自传性质的。

民主制领袖们的如此堕落还远非事情的全部。那些政治家的大胆计划要想得到同意,还必须迎合评判者的欲求。整个城邦习惯于变得和主权行使机构(sovereign body)一致,并且这在所有的

---

① 《论财产交换》,317。
② 《论和平》,126。
③ 《论和平》,75,37-38,111-113。

立法中都受到关注。在雅典,主权属于民主制下的公民团体,而正是在这个公民团体中,我们发现了那些导致帝国主义和无意义战争的欲求。[27]财富和荣誉之类的目标推动着人们,他们觉得照此去行动能够减轻贫困。① 伊索克拉底将这样的动机看作人深层次的、残忍而强大的潜能。它们渴望越界,只要可能,它们就会不计后果地去实现其欲望。② 正义原则似乎成了苍白的、不自然的障碍——真正的"他者的善"——而那些诱惑能让受引诱的人看不见这样做通常会导致的结果。③ 对僭政的渴望以及僭主的通常下场是那种情况的典型范例。公元前4世纪的雅典正遭受着这种僭政欲的后果,而斯巴达,那个早先以节制和纪律严明闻名希腊的斯巴达,也发生着类似的形势变化。④ 一旦法律和习俗的壁垒被打破,人就会面对一个没有约束的世界,其所产生的景象并非不像我们今天所谓的失范(anomie)。

无节制的欲望和良好的生活方式是不兼容的,因为欲望永远不会知足。由于政治生活包含了积极教化的目的,因此在伊索克拉底看来,失范是城邦政治功能崩溃的结果。他不断提醒我们,大多数人都喜欢快乐的东西多过善的东西。⑤ 不管是在个人的教化还是在国家的行动中,这都是最残酷的问题。[28]把自由给

---

① 《论和平》,91—94。
② 《致尼科克勒斯》,4—6;《论和平》,30—31,103—105。
③ 《论和平》,31—32。
④ 《论和平》,95—105。
⑤ 《致尼科克勒斯》,42—47;《德摩尼库斯》,45;《论和平》,106—113。

予那些还不具有"谨慎"(caution)这种被伊索克拉底视作唯一政治德性的人,就像仅仅因为自由是可欲的东西就把自由给予一个七龄童一样。① 每一项权利都暗含了其自身的责任,除非个人可以尽到政治自由所包含的那些责任,不然他也不配拥有其权利。真正自由的人是好公民,而不是那些能够为所欲为的人。对任何没有受过恰当教育的人来说,自由的恩惠其实是一个陷阱。放肆(hubris)意味着毁灭,而节制(sophrosune)则意味着安全。②

显然,伊索克拉底觉得这就是公元前4世纪雅典的堕落状态。但雅典究竟是如何从祖传民主制(ancestral democracy),那样一个出色的政治制度,一步一步堕落至斯的呢?人们一定好奇,如此值得赞扬的、节制的雅典,为何会如此彻底地坠入政治自由放任主义(political libertinism)。伊索克拉底暗示,这是因为雅典渴望成为海上霸主。在《论和平》中,伊索克拉底说,雅典如果想要提升自己的地位,就必须弃绝那种欲望。③ 如果我们仔细阅读伊索克拉底所举的理由,将发现这一分析并不像看起来那样肤浅。伊索克拉底并没有说雅典在萨拉米斯(salamis)的战斗和获得海上霸权是坏事,也没有说诸如此类的实践必然使人败坏并助长他们的贪欲。这样一种解释显得过于陈腐,只有把伊索克拉底看成最教条主义的道德布道者,我们才能将其用在他身上。[29]相反,伊索克拉底说,帝国具有推翻整个旧制度的效果。我们必须转到《泛雅典娜节演

---

① 《泛雅典娜节演说辞》,130-131;《战神山议事会辞》,20。
② 《论和平》,119。
③ 《论和平》,29,63-64。

说辞》才能真正看到这事实上是怎么发生的:

> ……陆上力量是靠秩序、节制、服从和其他诸如此类的德性培育的,但海上力量的壮大却不是因为这些,而是通过造船的技艺和划桨的人——这些人已经失去了自己的财产,并且习惯了从别人的财产中谋求自己的生计。①

雅典之所以会发生形式的颠倒,是因为权力的现实分配发生了变化。作为雅典无上荣光的萨拉米斯战役,其实也是她衰败的开端。让大量划桨人获得以前属于重甲步兵阶层的公民权利,为政治思考提供了一种新的值得重视的导向。政治家们为了巩固权力,不得不设计出一种新的政策,以满足这种新扩大的权力基础,而这些人其实是这样一种人:他们的需求若要得到满足,就需要帝国获得利润以及放宽公民标准。从这个意义上说,那些领袖其实是某种更深层东西——公民团体组织——的反映。阿里斯提德(Aristides)和希珀波吕斯的对比,就反映了祖传民主制与公元前4世纪雅典民主制之间的关系。② 尽管在伊索克拉底的时代确实有提谟忒乌斯这样的人出现,但在一个败坏的政治体制下,他们所付出的努力也不可避免地化为了泡影。③

从这个角度,我们很容易理解,为什么伊索克拉底会如此强调政治制度,[30]强调它对公民生活所有重要的具体方面的支

---

① 《泛雅典娜节演说辞》,115-116。
② 《论和平》,75。
③ 《战神山议事会辞》,12。

配性影响。我们很容易就能将后期雅典人生活的巨大变化追溯到发展海上力量的决定,而那种纯粹民主制可以在萨拉米斯大捷中找到它的起源。值得注意的是,在这种情况下,雅典其实别无选择。为了在对抗波斯人和斯巴达人的斗争中生存下来,政治制度上的改变是不可避免的。如果在公元前479年雅典没有采用那种海上政策,它早已灭亡;而采纳那种政策则意味着要给那些划桨的人一定的地位。伊索克拉底显然意识到了其中的必要性,但他并没有说那一政策因此就是好的或可欲的;他会说,在某些情况下,人也许只能两害相权取其轻。而因为他清楚这一变化中的不得已因素,所以,他也许会主张权衡增强民众煽动家力量的每一个步骤,寻找可能的替代方案。他可能会认为,对那一趋势保持警觉或许可以多少延缓那一趋势,并且他绝不会支持从历史性的权宜之计中寻找方向。在这个例子中,伊索克拉底将过去发生的一切看作最好,并且他从未把未来设想为某种标新立异的东西,即能够以一种过去从未设想过的方式解决政治问题的东西。未来,在其给予人希望的意义上,为重建先前的美好秩序提供了机会。伊索克拉底从未期待过希腊民族国家(national state)或者其他任何诸如此类的创新。此类变化不能承担起人类发展和城邦发展——城邦的发展基于某些不变的人类需求——的职能。尽管未来可能会使城邦不复存在,[31]但它绝不应让城邦变成一种不被人想望的东西。对伊索克拉底来说,历史无法胁迫善。

正是在雅典的过往中,伊索克拉底发现了一种好的政治制度,而要找出一个合理的政治制度有哪些必要条件,必然要去看那种制度。那种政治制度是过去的,这一事实暗示了它最典型的特征之一。它是一种祖传的政治制度,伊索克拉底由此暗示,老的东西之所以可欲,仅仅是因为它古老。① 遵守法律意味着尊重制定法律的前人。因此,前人必定多少比后人更好,不然前人的判断就没有理由拥有优先性。② 前人必定要么是诸神,要么是诸神之子,因为只有最善者才会发现最好的生活方式。③ 尊重法律和共同体代表了一个人的虔敬:他必须对那些最初的东西抱以深深的敬意,而这敬意就体现在对诸神的献祭当中。④ 宗教是政治的必要附属物,拒绝宗教意味着退回暴力,或者退回那种恒常的、漫无目的的变化;而虔敬是一种特殊的德性,它在于以过去为荣。以现在或未来为荣是对诸神的拒绝,它会滋生人的放纵。变化在政治上是危险的,这不仅因为变化打破了那些存在已久的习惯,而寻找替代物非常困难,[32]还因为在任何特定的时刻,变化都更可能是愚蠢的而非明智的。当伊索克拉底为阿基达摩斯(Archidamus)写演说辞时,他让阿基达摩斯在古代契约的基础上进行论辩;而阿基达摩斯援引各种复杂的系谱(genealogies)达成了目的——虽然这一目的或许也能通过其他论辩更好地达成。但斯巴达是一个虔敬的共同体,任何新政策都必须和它的初心相一致。单单这种类型的论辩对像斯巴达人这样的人来说就已经有说服力了。伊索克拉底并不是没有意识到那种内在于生活的对变化的需要。阿基达摩斯提出的那

---

① 《论财产交换》,82。

② 《泛雅典娜节演说辞》,119-126。

③ 《泛雅典娜节演说辞》,204-206。

④ 《致尼科克勒斯》,20。在雅典,向诸神献祭意味着向祖先献祭,因为祖先在他们看来都是神祇。《泛雅典娜节演说辞》,124。

些政策是激进的,而让一个年轻人发表演说这件事本身也前所未闻。但伊索克拉底确实说,不考虑过去及其所产生的巨大影响,这样的态度是危险的。新的东西必须被掺入老的东西当中,而这其实正是阿基达摩斯在传统框架内提出不同寻常的东西时所做的事。重点必须放在祖传的东西上,因为祖传的东西根基纤弱,容易在紧迫的必要性(necessity)面前被遗忘。祖传的东西赋予了人们对事物某些方面的恐惧——这些方面并不像事物的可欲品质那样好理解。僭主永远不会是一个虔敬的人,因为虔敬是快乐的对立面,而僭主只寻求他们的快乐。①

由于虔敬和这一具体共同体的生活方式密切相关,因此,伊索克拉底含蓄地排除了一种普遍宗教的可能。生活方式各不相同是必然的,而一种普遍的宗教信仰会削弱人们对其所生活的城邦的尊敬。[33]人的忠诚会被割裂——对一个具体的国家和对一种普遍的宗教——而非通过相信诸神而得到加强。如果宗教是最高的东西,那么,一种超越共同体的热忱(devotion)就会使城邦处于次要地位。而那些标志着这一共同体生活方式的特有差异也必定会被视为有欠高贵。因此,专注于所有人都有的品质会弱化共同体习俗的凝聚力。公民们必须在某种意义上视自己为"神的选民"(god's chosen people)。必须禁止外邦人涌入,因为他们会带来截然相反的生活方式,从而播下冲突的种子,使城邦虚弱。② 好的政治制度本质上是排外的和同质化的。公元前4世纪的雅典忘记了

---

① 《论和平》,33-34,91。
② 《论和平》,89;《论财产交换》,171-172。

这些准则而走得太远。信任和团结只能安全地建立在个人知识和共同训练之上。城邦要能够被肉眼辨识。

祖传政制的第二大特点是它的正义。

> 对其出色管理城邦助益最多的东西是两种公认的平等。一种平等是对所有人一视同仁,另一种平等是让每个人各得其所。他们并非没有意识到哪种是最有用的。他们拒绝那种将好的公民和坏的公民一视同仁的平等,因为那是不义的。他们选择那种主张奖罚应各得其所的平等,并且他们就是用那种平等管理着城邦,即不是从全体公民中抽签选举出所有的官员,而是选取那些最好的和最能胜任某项任务的人出任官员。因为他们希望余下的人也会成为像那些负责公共事务的人那样的人。①

[34]一个承认正当品质的分配正义的体系,对发展正当的领导权而言是必需的。这句话的意思是,人并非生而平等,不把奖赏给予那些确实更值得嘉奖的人是一件不义的事。但这绝不是说,当一个重要人物杀了人,他就能逃脱司法审判或者比其他无名之辈受更轻的刑罚。② 相反,伊索克拉底声称,如果一个公民社会,其概念里只包含在同权同责(equal rights and responsibilities)的框架下解决问题的正义,那么它就遗忘了政治正义的另一半——而且是最重要的那个部分。伊索克拉底会说,一个有能力这样做的国

---

① 《战神山议事会辞》,21-22。
② 《致尼科克勒斯》,18。

家只是侥幸有足够多的奖赏可以分配；但这种情况只是例外，而说这样的控制不在国家的自然范围之内，从而将这种例外情况系统化，那其实是在将个别情况一般化。正如自由必然需要某些限制，伊索克拉底说，城邦也是自然分层的，认定那些碰巧处在上流的人永远属于那儿是在逃避问题。任何一个使用"社会正义"这种表达的人对此都心知肚明。"社会正义"这个词暗示，人的权利无法在多少有些局限的现代政治框架内实现。乞求社会正义，其实是试图矫正那些因一种自由放任的政治概念而产生的明显的不义。但由于倡导社会正义的人大多相信，必须使用法律手段来推行关于人配得什么的新观念，因此我们有理由怀疑他们是否也在重申一个事实，[35]即那些所谓"社会的"东西，其实具有一个基本的政治所指（political referent）。他们似乎暗示，任何限制共同体在纯粹社会事务上的权威的意识形态，必定会在那些事务无法自理的时候走向崩溃。由于伊索克拉底并不区分国家与社会，而是试图将社会组织理解为政治制度的结果，因此，那些今天被认作社会福祉（social welfare）的元素，也就理所当然地作为一个问题囊括在了他的政治分析当中。在伊索克拉底的计划中，这种正义的维系有赖于一个有闲阶层（leisure class）的存在。

总之，我们的先祖坚信人民就像一个僭主那样，应该任命官员、问责失职者、审理有争议的案件，而那些享有闲暇、拥有充足收入的人应该像仆人那样关心共同体。那些公正地服务于城邦的人会得到称赞，他们也满足于这份荣光，而对于那些管理失当的，人民对他们毫不留情，并会对他们处以最严厉的惩罚。试问,谁还能找出一种民主制,比这种选贤举能,让人民当家作主的民主制更稳定或更公正的呢?①

财富自身具有某种价值,君子阶层(gentlemanly class)所起的作用使他们应当在政治上得到奖赏。君子可以过完全政治的生活(politicized)。他们具备不偏不倚看待问题的能力,并且他们生来便小心谨慎,因此比其他任何阶层都能更好地服务于城邦。君子构成了主权行使机构(sovereign body),他们的品性也彰显着整个城邦的品性。确保这一群体占据主导地位的技术性手段,是设立担任公职所需要的财产资格标准。② 民众乐于接受这种设定,因为他们为其自身利益终日忙忙碌碌;既然从公职中没有油水可捞,[36]且政治制度也指向共同善,那么让其他受过特定训练的人来担任公职就再好不过了。③ 将伊索克拉底视作任何现代意义上的集权主义者都是愚蠢的。他所偏好的毫无疑问是共和制。他认识到,没有哪种政治制度能够或者应该延续很长时间——如果生活其下的人民处在极度贫困当中的话。④ 他不会接受富人压迫穷人的政治制度,也不会接受漠视相对贫穷的人的需要的政治制度。对伊索克拉底来说,团结(ὁμόνοια)是永远的目标。政治制度必须被其成员接受。⑤ 必须有面向所有人的合理的职业和体面的生活

---

① 《战神山议事会辞》,26-27。
② 《战神山议事会辞》,26;《泛雅典娜节演说辞》,145。
③ 《战神山议事会辞》,145-147。
④ 《论和平》,90;《论财产交换》,82。
⑤ 《泛雅典娜节演说辞》,148。

标准。伊索克拉底总想通过殖民(colonization)来让城邦摆脱掉穷人。他觉得这些情形是"大的诅咒"(curse of bigness)造成的。然而他反对奢侈,因为他知道,就像其他许多政治极端(political extremes)一样,奢侈和它的反面贫困密不可分。①

祖传政制的第三个,也是其最主要的一个特征是节制。这是教育职能所要产生的东西——自制(self-control)是自由的前提。②在这里几乎没必要提到这种德性,因为对公元前4世纪雅典及其缺乏节制的研究清楚表明了节制这一德性的政治价值。从前,战神山议事会是雅典获得其节制美名的手段。③ 它由最节制的公民组成,以一种家长式的作风照看着城邦。[31]它指引年轻人从事与他们的财富相称的职业(甚至从事哲学),惩罚作恶者,并监视潜在的作恶者。④ 它知道法律并不是行为端正的基础,而习惯才是。因此,它试图向所有公民树立榜样。埃斯库罗斯(Aeschylus)在《欧墨尼得斯》(Eumenides)里说出了伊索克拉底对战神山议事会恰当功能的感受:

这里是阿瑞斯山冈,阿马宗人曾在此安营扎寨,进犯提修斯的国土,派来大批军队,在旧城对面,建立她们的有高耸望楼的新城,献给阿瑞斯,这处山崖因此才称作阿瑞斯山冈。愿这座山冈能日日夜夜地使全体城邦居民保持虔敬和敬畏正义

---

① 《战神山议事会辞》,54。
② 《战神山议事会辞》,37,48。
③ 《战神山议事会辞》,37-48。
④ 《战神山议事会辞》,46-50。

的情感,愿邦民们不会用种种恶劣的法律改造我的法令。愿我创设的法庭不受利诱,虔敬、严格,成为这方土地警觉的守卫,当人们安眠时。①

战神山议事会是立法者所设限制的鲜活象征。这一政治制度政策的基础是各种机制而非人。因此,那些建立这一政治制度的智慧人,他们早在这一政治制度内植入了智慧,从而没有给鲁莽的选择或不法的希望留下任何余地。虔敬、正义和节制——这些品质表现在一个由君子组成的阶层中——给雅典带去了一种政治制度,在这种政治制度下,"她的公民们彼此和平共处,共同享有泛希腊的信仰,让蛮族心生惧怕"。②

读者不禁产生了一个疑问:祖传政制和公元前4世纪的雅典政制都可以称作民主制吗?显然,伊索克拉底从未抛开过这一名称,但即便头脑最简单的读者也会发现这两种政治制度之间存在着巨大差异,[38]伊索克拉底所描述的祖传政制绝非通常意义上的民主制。就算是亚里士多德在《政治学》卷四中提到的那种最保守的民主制,也不像祖传政制那样如此偏离现代意义上的民主制。战神山议事会所践行的那种权威,在亚里士多德对民主制的论述中是找不到的,伊索克拉底也没说过公民大会总是决定着政策事务。民众所拥有的只是选举权。另外,亚里士多德意识到,那种最极端的民主制和那种有限民主制虽然都叫民主制,但却建立在不

---

① [译注]《欧墨尼得斯》行685-706。中译引文选自《古希腊悲喜剧全集:埃斯库罗斯悲剧》,王焕生译,译林出版社,2007,页492-493。
② 《战神山事会辞》,51-52。

同的公民团体(citizen body)之上。他们之间的关联仅仅是基于类比。另一方面,伊索克拉底则明确说过,一个管理得好的民主制和一个管理得差的民主制,其差别不是两种不同政治制度之间的差别,而是各自领袖之间的差别。① 这意味着,仅仅是因为公元前6世纪初雅典的人民领袖碰巧是梭伦(Solon)而非希珀波吕斯,那时候的雅典才不同于公元前5世纪末的雅典。这么看来,同一个公民团体——因而有着同一个目标——可以有多种表现,而究竟是哪一种表现,仅仅取决于其领袖的品质。这听起来像极了教皇的那句名言:"就让愚人们争论政府的形式吧;管理最好的就是最好的。"

如果是这样,那么政治制度就并非真是最根本的政治范畴,因为同一种政治制度可以好也可以坏。管理的好坏并不取决于行使完整公民权的那个群体,而是取决于其他因素,这一点必须被发现。更直白点说,问题在于政治制度究竟是不是城邦的灵魂。如果是,那么政治制度的特征就全然取决于它是什么样的政治制度,并且像好政府和坏政府这样本质上的政治差异,也必须通过和政治制度相关的词汇加以理解。如果政治制度不是城邦的灵魂,那么像寡头制与民主制的差异之类就不是本质相关的 (essentially relevant),我们必须留意其他某种东西。我们先前的分析似乎证明前一个选项正确,但如此一来就会产生疑问,因为不管是好的政治制度还是坏的政治制度,伊索克拉底都叫它民主制。

---

① 《泛雅典娜节演说辞》,132。

这似乎动摇了我们先前的命题,并使我们有理由相信,伊索克拉底认为雅典一直是民主制,发生变化的只是其他某种东西。

然而,在更仔细地考察文本之后,我们绝不可能接受这一解读。首先,伊索克拉底几次说到变化时,都是在说政治制度的变化。① 其次,在祖传政制中,民众明显只有部分公民权,只有一小部分投身于政治的人才拥有全部的公民权。第三,伊索克拉底也把斯巴达政制称作民主制。② 在古代文献中,没有其他哪个人敢把斯巴达政制称作民主制,而显然,伊索克拉底也认为斯巴达政制不是民主制。[40]此外,我们拥有的关于祖传政制的其他有名的论述,都不同意将它列为民主制。一般地说,亚里士多德和柏拉图都同意伊索克拉底对祖传政制的描述,但他们都强调祖传政制不是民主制。所以,要么祖传政制是民主制,而伊索克拉底在公然违抗所有习成观点;要么他是出于某种理由,而希望祖传政制被视作一种民主制。

这一明显的矛盾也许能够用一句话来解释,此话出自伊索克拉底为雅典人所作的《论和平》:"你们对政治制度的关心程度丝毫不亚于对整个城邦安全的关心……"③这暗示出,整个城邦的安全与城邦的政治制度在某种程度上是不同的,甚至可能是对立的——因为公民团体的短期利益与城邦自身的长期稳定似乎是冲突的。政治制度总是着眼于某种既定的善,它们是城邦公民们

---

① 《战神山议事会辞》,57,59,62,71,78;《泛雅典娜节演说辞》,114;《论和平》,64。

② 《战神山议事会辞》,61。

③ 《论和平》,51。

抱负的表达。但"什么是善"的概念很大程度上取决于城邦公民是什么样的人。一个可欲的政治制度大概会包含一种符合理性要求的好生活(good life)的概念。像寡头制和民主制这样的政治制度都只表达了片面的正义概念：前者太过强调金钱，而后者仅仅在乎活着。在这样的政治制度中，合理的东西，或者说共同善，与在政制中被制度化的生活标准以及政治制度所代表的公民团体存在冲突。雅典的公民团体——大部分由穷人组成——认为夺走富人的财产并在人民内部进行平均分配是正义的，[41]因而它摧毁了那个重要的有闲阶层。为了避免诸如此类的冲突，任何一个明智的人都会希望政治制度有所改变，以便让人民的生活方式与整个城邦的福祉更加相容。然而对于想提出这一方向的人来说，还存在一个问题。人们对公共安全的关切丝毫不亚于他们对政治制度的关切，因为这是自然的，他们的生活方式、他们的独立性皆依仗于它。今天的公民在新的政治制度中将不再是真正的公民。如果有人想要劝他们接受这一既为他们自身好又为城邦好的实践方向，那么新的方案就必须与他们自身的私利不冲突。自私是那一不可化约的余数，它为人与人之间完全理性的计划设定了界限，而修辞家们最主要的任务之一就是克服它。因此，如果祖传政制恰好就是一种民主政体，人们就无需因回归祖传政制而放弃他们如此珍视的民主特权(democracy privileges)。正如那个老寡头(Old Oligarch)说的："就我来说，我原谅民众自身的民主制，就像任何人做对自身有好处的事都是可以被原谅的。"在部分的利益(这种利益表现在民众的统治当中)与整体的利益(这种利益表现在好人的统治当中)之间存在着冲突。调和冲突的唯一希望是让人们觉得他们不会失去任何东西。变化会要求所有人都过上一种新的生活,而在这样的运动中总会存在惰性。但在那种谨慎的表达背后总是隐藏着真理——"政治制度是城邦的灵魂"。

[42]伊索克拉底是一个修辞家,而政治修辞,在他看来,是一种工具。通过这种工具,知识人的思想和普通人自私自利的顽固性可以得到调解。政治修辞是为了说服没有智慧的人接受智慧人的决定;也就是说,它包含了一些附加在纯粹真理之上的东西——如果只有一种技术能让真理变得可接受的话。如果真理是轻易就能卖出的商品,演说家们就不需要为了让自己的观点被接受而写下精妙的演说辞了。伊索克拉底甚至暗示,发现正确的道路其实并没有那么困难,真正困难的是让他人接受这一道路。① 光靠收集诗人们的箴言也许就能形成一套关于道德生活的清规戒律,但教化民众,让他们理解如何使用它们,这才是问题的真正核心所在。②伊索克拉底式的修辞(Isocratic rhetoric)不仅仅是一种制作演说辞的技术,它还是一种对人——人的需要与不足——的理解。它试图说服人们去就近他们的真实需要,但与此同时它也完全意识到了偏见和自私的现象。伊索克拉底的演说弥漫着他对那些仅靠话语人们永远也不会接受的东西的知识,而我们必须想到,在那时,发生在他老师苏格拉底身上的事还依旧鲜活。

因此,在让那并不令人愉快的真理,即一次彻底的改变是必要

---

① 《论和平》,62,36。
② 《致尼科克勒斯》,44。

的,为人所知的过程中,伊索克拉底不得不以尽量淡化改变的方式来叙述这一真理。"民主制"这个词只不过是糖衣炮弹。[43]他通过这一技巧彰显了一个事实,即必须以这种方式对雅典人或者其他类似雅典人的人说话。这里我们可以再一次清楚看到,解读者不能单单只看伊索克拉底的话语,他还必须看伊索克拉底的行为。那句老话"做的比说的更能反映一个人"用在伊索克拉底身上再对不过了。他的世界观最清楚地表现在他对不同的人——僭主、民主人士和哲人——的说话方式上。通过说话方式的不同,他表明了他的每一个说话对象是何种人,以及他自己会如何与之打交道。伊索克拉底所展示的自身形象将这些方面都结合到了一起。

伊索克拉底对于祖传政制的整个处理都建立在这个基础上。他强调了拥有好的谏言者非常重要这一无伤大雅的事实。他也经常提到更好的人应该得到荣誉,但他们事实上有权得到荣誉这一点暗示了一种特殊的政治制度,而他几乎很少暗示,所有麻烦的真正源头其实是那些正与他对话的民众。所有好的结果他都大量地提到,但需要财产资格这一点,他只轻描淡写地提到过两次。

关于政治制度形式的申明本身就清楚地暗示了其修辞意图。它只是想表明伊索克拉底对颠覆民主制并不感兴趣。这篇申明合理地邀请人们严肃地对待它。当伊索克拉底说贵族制不是一种政治制度而是一种态度时,我们也许最容易理解其修辞的意图。[①] 这

---

① 《泛雅典娜节演说辞》,131。

句话似乎在说,贵族也可以一直是民主人士。[44]但真正的关键在于,他以一种相当不友善的方式指出,那种通过财产资格认定所组成的政府有着和贵族制相同的特征——贵族制是一种倾向(proneness)而非一种政治制度。① 因此,在伊索克拉底说到一种混合了贵族制的民主制的地方,我们就能正当地用"财产资格"代替贵族制。我们已经看到,这种财产资格标准是新旧政治制度的最大区分点。由此产生的实际结果就是,伊索克拉底向那些有着诸如此类[民主]情结的人宣称,财产资格标准的设立并不会牺牲民主制。

这种叙事方式的有效性还可以从一个事实中得到确证,即许多现代注家都被伊索克拉底的那句话所吸引:好的谏言者(advisor)是任何政治制度良善的关键,而每一种政治制度都同等程度地取决于它的使用。这是伊索克拉底文本中非常显眼的一句话,由此读者会很快得出结论说,他找到了伊索克拉底关于政治制度类型的统摄论述(comprehensive statement);然而真相却多少藏在更深的地方——通过分析演说所面对的听众,可以发现伊索克拉底这么说的原因。当然,这些注家都知道伊索克拉底不是一个无条件信仰民主的人,但如果他们认为伊索克拉底相信政治制度就只有三种,那么他们很可能会误解伊索克拉底关于好的政治制度由哪些元素构成的全部教诲。有一个注家说,在这段文字中,伊索克拉底的意思是,"宪政精神"(spirit of the constitution)是真正要紧的东西。这种理解就颠倒了整个意思——因为对伊索克拉底来说,

---

① 《泛雅典娜节演说辞》,131。

精神是"宪法"的结果。[45]精神是一种无形的东西,要创造出一种精神在实践上是不可能的。伊索克拉底关于政治制度的教诲是:诸如精神之类的东西,其起因是某种相当明确的东西,这种东西至少部分地受控于有思想的人有目的性的操控。他的想法是,政治制度是一种相当明确的东西,并且按照定义它就是极度实践的。我们只需要将他关于祖传政制的论述都放到一起,就能认识到祖传政制其实是一种混合政制。当他称斯巴达——斯巴达是这样一种政治制度的古典代表——为民主制的时候,他是在这个意义上称其为民主制。正如斯巴达人墨吉罗斯(Megillus)在柏拉图的《法义》里说的:

> 说真的,异乡人啊,我无法向你解释,这些名称中哪一个应当赋予斯巴达政制。在我看来,它看上去确实像僭主制——因为其中的五长官制专制得令人吃惊。不过同样,有时在我看来,我们的政制与所有城邦的政制,都与民主制极其相似。然而,倘若我不说它是贵族制,那也无比奇怪。它还含有君主制,有个终身的君王:事实上,根据所有人包括我的说法,这是一切君主制中最为古老的。因此,现在突然要我回答时,恰如我所说的,我实在无法区分出它,说出它是这些政制中的哪一种。①

这一解读同时也解释了为什么在《战神山议事会辞》中,伊索

---

① 《法义》,卷4,712d-e;另参柏拉图,《默涅克塞诺斯》,238c。

克拉底对寡头制的态度如此激烈。① 他说雅典人不信任最好的人，认为他们有寡头倾向。伊索克拉底将寡头制与民主制进行比较，以此来攻击寡头制，这鲜活地向听众表明了他与那种事业没有关系。伊索克拉底如果想要说服别人，就必须让自己看起来是一个可信任的人。[46]而他通过认同最强烈的民众情绪之一（popular feelings）——憎恶三十人僭主（thirty tyrants），做到了这一点。但这绝不是他能选择的最好的寡头制——如果他想给那些寡头一个申辩机会的话。因为"三十人"是一群堕落的人，他们更像最糟糕的僭主而非寡头。他们为所有正派雅典人所憎恶。

所有此类段落的顶峰（the crown of all such passages）出现在《泛雅典娜节演说辞》中一段对斯巴达人的尖刻批评中。② 伊索克拉底叙说了寡头派（Oligarchical party）如何在内战中战胜民众并俘虏了他们。接着，伊索克拉底评论说，那些寡头们建立起一种"在法律和民主面前的平等，但这种平等只属于那些总是和他们勠力同心的人"。这某种程度上是一个笑话。因为每一个由完全的公民组成的团体（group of full citizens）都是一个民主团体，其中所有人都拥有平等的权利。问题在于哪些人才是全职的公民。

关于伊索克拉底的祖传政制概念，一言以蔽之，它肯定是一种不同于公元前4世纪雅典政制的政治制度。不过我们必须记住，它也不是一个寡头制度。它是这样一个政治制度：人民在其中扮演着非常基本的角色——选举和监督的角色。但它又以这样一种

---

① 《战神山议事会辞》，62-70。
② 《泛雅典娜节演说辞》，177-178。

方式维持着平衡,以至于它并不仅仅为大众利益(mass interest)服务。它为论功行赏和有德性者的更无私的统治(more disinterested rule)留下了空间。这样,它就非常接近于亚里士多德笔下的共和制(politeia)——那种同一属名所自产生的特殊形式——概念了。民众没被完全剥夺权利,[41]但相比于纯粹的民主制度,他们所拥有的只是部分的公民权。由此导致的结果是,将种种形式和某种被认可的财产权相混合,这更多是与智慧而非与民众无可争辩的统治相连。伊索克拉底对贵族制的论述在意图上也并非完全是修辞性的。他认为有可能以这样一种方式利用每一种政治制度,让他们为支持君子阶层服务。对于某种特定人群(one sort of population),最好通过赋予民众选举权以获得他们的支持,而对于其他人群则不。这样一种政治制度或许可称作贵族式民主(aristocratic democracy)。其主要目的当然是巩固贵族阶层,而其他因素都是服务于这一目的审慎考虑。此外,贵族制和贵族制之间彼此相似,这种相似要比和其他任何一种政治制度的相似多得多。从某种意义上说,伊索克拉底感兴趣的只有两大类政治制度:自利型(self-interested)的政治制度和公益型(public-spirited)的政治制度。尽管这两个名号下的政治制度彼此可能还有差异,但在政治制度的主要目的上,它们却是一致的。

三

把伊索克拉底对君主制的看法和他对祖传政制的看法相分离绝没有那么容易。他把君主制看得十分重要,这可以从以下事实中得到确证:他的演说辞有半数以上都是对君主和僭主讲的,并且他经常提到对君主的教育(the instruction of kings),他把这当作他毕生事业中非常重要的一部分。此外,我们从《泛雅典娜节演说辞》中知道,君主制是那些承认善(goodness)的政治制度之一。①
[48]问题在于,君主制能有多好,以及是什么品质让它成为好的?

如果对伊索克拉底演说辞的理解仅仅停留在表面,读者很容易留下一个印象,即伊索克拉底对君主制的看法毫无疑问是负面的。自始至终,伊索克拉底从未在一篇议事性演说辞中以自己的名义赞扬过君主制。事实上,他有好多次停下来严厉地指责君主制。君主国充斥着最大的危险,并且它极大地伤害着城邦。有两次他甚至将君主制从政治制度中除名。②

但我们只需再看一眼,就有充足的理由证明,当伊索克拉底大力批判君主制时,他其实只是在批判君主制的一面,即被人们称为僭政的那一面。这点在《论和平》表现得十分明显,在那里,伊索克拉底把统治定义成僭主制的反面。③ 统治是为了被统治者的益处,而僭主制则是为了僭主自身的快乐。《论和平》其余篇幅有很大一部分致力于批判君主制,但这一批判未言明的假设是:君主制等同于早先定义的僭主制。再者,对君主制的明确批判只出现在那些针对雅典的演说中,而这个雅典被伊索克拉底笔下的尼科克勒斯称为"最讨厌僭主的城邦"。④ 只要伊索克拉底需要保护自己免遭

---

① 《泛雅典娜节演说辞》,132。
② 《致雅宋子女》,11;《致安提帕特》,6;另参《致腓力辞》,127。
③ 《论和平》,91。另参《致腓力辞》,111。
④ 《尼科克勒斯或塞浦路斯人》,24-25。

敏感的雅典民众哪怕是最轻微的怀疑——怀疑他拥护僭主制或者拥护任何与僭主制沾边的东西——那么,他不说任何关于君主制的好话以便支持更合流俗的观点,也就不足为奇了。[49]最终,如前所述,我们看到了伊索克拉底对君主制潜在合法性的明确论述。

我们若想得到一个对君主制更加清晰的论述,就必须更仔细地审视伊索克拉底的演说辞。合法的君主制必然和僭主制截然不同,甚至完全相反。它必须是一种广言纳谏,致力于全体公民的善的统治方式;只有这样一种君主制才符合伊索克拉底设立的最低要求。在他的演说《致尼科克勒斯》中(尼科克勒斯是塞浦路斯萨拉米斯的一个僭主),他单独讨论了君主制。在那里,伊索克拉底论及君主制的问题,他的论述包括但不限于他在《论和平》和其他演讲辞里所作的论述。

> 因为当人们着眼于荣誉、财富和权力的时候,他们都认为只有那些君主才可以与诸神平起平坐;但是,当他们开始考虑恐惧与危险的时候,以及回顾历史上的君主们的时候,他们看到了这样一些事例,即一些君主被看似最不可能的人杀害,这时他们就会认为,任何其他生活都远胜于以如此不幸的代价去统治整个亚细亚。造成这种矛盾和混乱的原因在于,人们认为君主的身份如同神职,是任何人都可以胜任的,但事实上,这是人类关系中最重要的,也是最需要远见才能驾驭的职务。①

---

① 《致尼科克勒斯》,5-6。

这样，伊索克拉底就明确了一件事，即君主制的那些恶的属性并不是它的本质属性，而是从根本上误解了它之后所导致的结果。君主必须是比一般人更好也更有教养的人，因为他们的任务要更具挑战性。君主制是人所极力渴望的东西，是一个在所有人眼中有着极高尊严的目的，但它的可欲性也伴随着等价的危险。这些危险只有通过教育才能避免。

[50]这暗示了《论和平》中提到的那种僭主制的缺陷——即它是为了僭主个人的快乐而非为了被统治者的善——可以通过教育来矫正。如若如此，教育必然带来了一种统治者利益与民众利益之间的平衡。而这或许就是伊索克拉底作为老师的职能。他为君主定下法律，让他们免于成为僭主。伊索克拉底将统治者的实践看作政治制度的等价物，因此，如果他能让那些实践变得更好，那么他就让那个君主变得更加安全，同时也建立起了一种更好的政治制度。

伊索克拉底必须为君主制定法律，这也就意味着，君主从本质上说凌驾于实证法（positive law）之上，凌驾于一个好的政治制度对其公民发展所施加的塑造性影响之上。僭主制意味着目无法纪，而要施行一条没可能执行的法律简直难于上青天。这就是君主制各种恶行的根源。正是通过使用诸如《致尼科克勒斯》这样的演说辞，伊索克拉底试图对君主们执行法律。

伊索克拉底告诉尼科克勒斯说，他必须成为一个民众煽动家，而要做到这一点，最好的办法就是给予他人正义和最高的荣誉。①

---

① 《致尼科克勒斯》，15。

人民的同意(consent of the people)是尼科克勒斯达成自身目的的前提,而如果他的生活方式能提供给他们一个更温和的政治制度的话,人民就会接受他。现在,这种分配正义和祖传政制中的正义几乎是相同的。在这种情况下,[51]我们必须问一问,哪一种政治制度,君主制还是祖传政制,更令人满意地完成了这一职能。答案似乎显而易见:不存在任何制度性保障,能确保所有限制君主制的严苛规定都会被统治者遵守,而统治者的后代是否碰巧也能像其正义的父亲一样好,这完全有赖于运气;因此,要想让城邦保持繁荣,老雅典的政治制度是一个更恰当的范式。之所以这么说,是因为伊索克拉底几乎没有赞扬过君主——除了斯巴达那些最有名无实、受到严苛法律限制的君主。① 除了那些君主外,在议事性演说中,伊索克拉底只赞扬过那些古代雅典的君主——在他们那个时代,世界上只存在君主制这样一种政府形式——以及意识到君主制不适合希腊人的腓力的父亲。② 把一人统治和真正意义上的公民权——通过这种公民权,人有权按照其价值发挥能力——结合到一起是非常困难的。生活在羊群(herd)里的人,由于害怕他们的主人,永远也不可能发展出好的政治生活所要求的那种品性。祖传政制保证所有够格的人(adequate men)都能充分发展其自身,并为行事的稳定性提供了一个坚实而可靠的基础。人既非不服管教,也非像绵羊一般温顺。

从这一分析来看,伊索克拉底对好的君主制的可能性多少有

---

① 《论和平》,142-144。
② 《致腓力辞》,107-108。

些存疑。但事实是,我们从未见到伊索克拉底以他自己的名义对这个问题作出明确的答复。[52]在《致尼科克勒斯》中,伊索克拉底从未说起君主制作为一种政治制度的地位,而只说到通过做哪些事,尼科克勒斯可以统治得最好。不过,在《致尼科克勒斯》这篇虽由伊索克拉底写就,却以尼科克勒斯作为言说者的演说里,存在着一段对君主制的赞美。在那里尼科克勒斯说,君主制之所以是最好的政制形式,有三个主要理由。其一,君主制能最好地提供分配正义,这是寡头制和民主制难以企及的,因为它们各都多少受到平等概念——不管是基于财产的平等还是基于数目的平等——的拖累。其二,君主在城邦中有利益,就好像主人在家中有利益,而在其他政治制度中,这种情况永远也不会出现,因为那些制度让人民轮流执政,从而降低了人在城邦中的利害关系和责任感。其三,君主制是最适合打仗的政治制度。①

如果伊索克拉底没有故意借他人之口说这番话,没有让那个人,即一个君主,对着他的人民在这样一个场合下说话——因为在这种情况下不赞美君主制几乎是不可能的——那么,这番话将会非常可信。说伊索克拉底之所以让尼科克勒斯说这些东西,是因为他自己出于一些审慎理由不能亲自说是在乞题,因为也有可能他只是在演示一个君主必须说哪类东西。分析一下尼科克勒斯支持君主制的论点,恰当地给予荣誉这点并不能得到保障,除非君主事实上是城邦中最好的人——而这是一个公认的极为罕见的情况。伊索克拉底如何看待君主制相较于其他政制的地位,这必然

---

① 《尼科克勒斯或塞浦路斯人》,9-26。

还是一个开放问题。我们只能说,伊索克拉底明显认为,[53]即使就作为一种可接受的政治形式来说,君主制的地位也是不稳固的。在这种情况下,一个人决定了一个政治制度,而在其他政治制度中,起决定性作用的是这些政治制度中特定公民团体的特定生活方式。在后一种情况下,问题在于确定哪一种公民团体在做决定的时候会最照顾整体的福利;而在前一种情况下,问题在于找到一个完全有德性也有能力的个体。

如果我们注意到,前面的分析事实上预设了伊索克拉底接受君主制和僭主制这一古典区分,问题就会变得更加复杂。这一预设的合理性基于《论和平》中给出的僭主制定义。另外,在写给赫拉克利亚(Heracleis)的统治者提谟忒乌斯的信中,伊索克拉底重复了《论和平》里说到的那些原则,并说提谟忒乌斯非常幸运,因为原本需要通过武力和僭政才能得到的东西,他通过继承就得到了。① 这似乎表明,伊索克拉底试图通过原则将僭主制转化为君主制。此外,伊索克拉底还提醒腓力要像一个君主而非僭主那样行事。② 然而,我们看到在《致尼科克勒斯》里,僭主制似乎又总是和君主制不加区分地相混用,于是又会对这一预设的可靠性产生怀疑。

当然,我们可以反对说:尼科克勒斯其实是一个的僭主,而这篇演说的目标听众都应该知道这一事实,因此让僭主制显得几乎等同于君主制或许是可取的。[54]确实,如果《致尼科克勒斯》是唯一的例外,这一思路倒可以接受。但问题是,伊索克拉底还以最

---

① 《致提摩透斯》,6。
② 《致腓力辞》,154。

无保留的口吻赞扬过僭主制和僭主两次。

在一篇赞扬尼科克勒斯父亲的演说辞《埃瓦戈拉斯》中,埃瓦戈拉斯经常被提到是一名僭主。伊索克拉底说,埃瓦戈拉斯在获得僭主权力的过程中,以最为高贵的方式取得了最为高贵的东西。① 他说僭主制是神圣的和人类的善中最卓越,最庄严,也最被人渴求的东西。② 埃瓦戈拉斯之所以有僭主气,是因为他在君主气(kingliness)所包含的所有德性上更卓越。这当然是僭主制的新的一面。在其他语境中,僭主制都暗示了坏的东西。但在这里,它意味着最好的东西。这样一来,目无法纪就要比遵纪守法更好,因为僭主要比法律更好。这样的人不可能让伊索克拉底来为他立法,而伊索克拉底甚至也觉得自己不足以赞扬埃瓦戈拉斯。君主气将不再是附加的德性。一个相称的人实现了那个最伟大尊贵的属人欲求——政治权力。

这一悖论后来变得极为有趣,因为我们在《泛雅典娜节演说辞》里读到,建立祖传政制的是忒修斯(Theseus)。③ 忒修斯用行为教导了伊索克拉底后来用言语教导的东西,即每一个城邦的灵魂都是它的政治制度。在这篇演说辞中,伊索克拉底说他不会讨论忒修斯的德性,因为在其他地方他已经讨论过了。这样一来,读者就被引向了《海伦颂》(*Helen*)。[55]《海伦颂》是一篇表演性演说——确切地说是一篇炫示性演说。在这类演说中,修辞家得以

---

① [中译者注]原注"《论和平》,40",应为"《埃瓦戈拉斯》,40"之误。
② 《埃瓦戈拉斯》,46。
③ 《泛雅典娜节演说辞》,138。

完全展现他口若悬河的过人技艺。在对伊索克拉底的研究中,这类演说通常被归在次要演说之列,并被认为只有那些学习阿提卡演说的学生才会对它们抱有好古癖式的兴趣(antiquarian interest)——学院文章。但恰恰是在《海伦颂》里,伊索克拉底炫示了某种在解读其思想的实质性部分时值得我们最大关注的东西。忒修斯被称作一名僭主。① 他是一个好人,并且他上位是因为他是雅典人中最好的,尽管如此,他还是处在了最危险的位置上——僭主制,它本质上目无法纪。②

我们有理由非常严肃地对待这段话,因为伊索克拉底自己提到了它。眼下的问题是,祖传政制是由一个僭主所创立的,这是不是一个偶然?这是一个关于好政治制度的起源的问题。为什么会有人去建立一个像伊索克拉底称赞的那样的政治制度?在对祖传政制的讨论中我们已经看到,祖传政制中的智慧必然是由一个立法者植入的。要建立起经久度高、能真正指引人的制度,需要全权委托(carte blanche)——妥协会破坏制度的本质力量。③ 从前诸神拥有这种特权,但那些未来要被建立起来的政治制度该怎么办呢?伊索克拉底在意的不只是过去。这让人不禁想起柏拉图的《法义》,那里假定,要过渡到一个好的政治制度,最容易的方法就是首先建立起一个僭主制。这里的情况显然就是这样。[56]存在着绝对权力的地方,才存在着做到通常不可能做到的事的可能性,如果

---

① 《海伦颂歌》,34。
② 《海伦颂歌》,36。
③ 见柏拉图《理想国》501a。

僭主是有德性的,或者他愿意听一个有德性的谏言者,那么就有了过渡的基础。

这就是伊索克拉底所暗示的东西,而这也证明了他不是一个不切实际的空想家。如果我们认为伊索克拉底相信通过循序渐进地推进他的教育方式,事情就会自然而然得到改善,那就大错特错了。伊索克拉底比谁都清楚,有一个在败坏的共同体中长大的好人,就有十个败坏的人。提谟忒乌斯和他的同类是旷野之声(voices in the wilderness);只要他们受到制度限制而没法施展能力,那么城邦就只会走下坡路。他们的存在也许减慢了城邦下滑的速度,却不可能让城邦朝好的方向改善。在人们只会误用知识的情况下,伊索克拉底并不认为传播知识能够解决问题。真理本身是柔弱的。德性必须伴随着权力,不然实现一个像样的政治共同体的希望就会变得十分渺茫。伊索克拉底并不寄希望于那些无意识的过程来实现政治目标。虽然在无意识的向善的指引下偶尔也可能出现一个可接受的政治制度,但如果人去思考一下他们的目的,那么他们绝不会把命运交给反复无常的运气。他们必须依照理性行事。而要最大限度地使用理性,就需要金钱与权力,就像伊索克拉底对腓力说的,"它们是唯一依照自然能够说服和强迫他人的东西"。① 虽然只有在极少数情况下,诸如此类的手段(金钱和权力)才会带来除了危害以外的东西,但这样的时机(ripe moments)是存在的——[57]比如美国起草宪法的时候。那时存在着选择的余地——美国正处在一个十字路口;人们一般都愿意接受

---

① 《致腓力辞》,15–16。

习俗的决定,而那些代表也都具有可观的影响力和权力。但即使是这一方法,也产生了一些完全不可欲且明显不指向共同善的妥协。如果让伊索克拉底来评论这一情况,他或许会同意苏格拉底在《理想国》里表达的观点。

> 当他们[哲人们]把城邦和人们的生活习俗当作一幅画拿在手中,他们首先会把它擦洗干净,这事并不容易,其实你应该知道,他们和别人的区别显然就在于此,他们并不愿意接触任何个人或任何城邦,也不愿意谱写法律,除非他们先得到一座干净的城邦,或他们自己先把它清洗干净。①

而在既无改变的意愿,也无改变的力量的雅典,肺腑之言(words of good faith)并没什么用。知识本身是没有力量的,它本身不能保证它会被正当地使用。僭主必须像学校老师教育学生那样教育人民,也就是说,他必须具有某种权威。修辞术教导了其自身的局限,《战神山议事会辞》是一次批判而非一次提议。伊索克拉底以非常可敬的方式绕过了问题的要害。这是一个危险却重要的主题,正是在这样的情况下,修辞家们必须将自身的节制发挥到极致。伊索克拉底之所以使用这一在所有人看来有如波洛涅斯(Polonius)的"这点最为重要"(this above all)的风格,其理由也变得更为清楚了。这种风格在最坏的情况下不会造成什么害处,而在最好的情况下,它能把伊索克拉底包装得有如那个谈吐清晰的皮洛

---

① 柏拉图,《理想国》501a。中译引文取自《理想国》,王扬译,北京:华夏出版社,2012,页234。

斯演说家（Pylian orator），那个可靠的涅斯托尔（Nestor），而伊索克拉底对这种风格有着出色的掌控力。

但这样吊人胃口的反思——[58]尽管它们既不是给那个有着善意传统主义的战神山议事会成员的，也不是给庸人用来为其丑陋的满足找理由的——是必要的。伊索克拉底通常贬低的那类勇敢行为——走出祖传的领域——有时其实是唯一选择。但这一步必须迈得非常小心，不然有可能会踩到为人们所珍重的机制。

因此，僭主制，这一人类最卑下的目标，这一人类潜在的邪恶的典范，可以变成最大的善。伊索克拉底是那种会质疑其自身普遍性原则的人，他会去寻找例外，然后设法在不丢掉从例外中习得之物的情况下，维持住普遍性原则。那些演说的谨慎口吻表达着普遍性原则，而对僭主制有保留的支持某种意义上存在于字里行间。僭主制卓有成效的情况十分罕见，其关联也永远不可能得到系统地阐述，只有那类最不同寻常的人才能把握时机，利用好它。这些是智慧发现的东西，不可言传。可能性仅仅存在于言辞（speech）中，而用极端情况下的话去理解伊索克拉底的话语只会扭曲伊索克拉底真正的看法。

从伊索克拉底的沉默中，我们还必须再追问一样东西。伊索克拉底多次指出，埃瓦戈拉斯的僭主制是正当地得到的。他的每一次行动都是因为受到了针对他本人的不义和威胁。机缘巧合让他不得不这么做。如果可以选择的话，他本不会做出任何通常与僭政相关的兽行。而提谟忒乌斯则是继承了他父亲用不义的暴行换来的地位。现在我们必须问，[59]是否为了实现伟大的目的——要在恰当的时刻实现伟大目标是唯一能为僭主制开脱的理由——我们就可以名正言顺地行不义了？假设埃瓦戈拉斯早已算准了恰当的时刻，并在那个时刻高贵地使塞浦路斯走上正轨从而获得了荣耀，但在这个过程中没有人对他作恶，那么，他继续执行他的计划是否有错？伊索克拉底在谈到阿伽门农（Agamemnon）——对于阿伽门农，伊索克拉底不确定他究竟是通过选举还是通过权势掌控了阿尔戈斯人（Argives）——时暗示了这个问题。①既然结果不会发生任何变化，通过何种方式达到结果真的很重要吗？正是在这一点上，传统的标准出现了问题——这是道德的灰色领域。伊索克拉底提出了这个疑问，就像即使是最正派的人也必然会提出这个疑问一样——如果他们看重真理多过说教的话。他能看到存在的问题，他也没有以情感为由将问题掩盖起来。但另一方面，他也没有将这一最古怪的不解之谜作为自己的道德导向，即没有从这一角度出发去看待全部的政治生活，没有为自己发现了事物根基上的丑陋而沾沾自喜。只有在这一点上并且以这种方式，疑问才存在，而正当行为自身的内在价值从未被怀疑过。这是一个黑暗的问题（dark question），而它被埋藏在伊索克拉底思想的黑暗隙缝中是有道理的。但疑问被提出，伊索克拉底也没被它击垮。在目前这个研究阶段，我们还不能回答这个问题。而让这个问题保持在未回答的状态也许更好。

---

① 《泛雅典娜节演说辞》，76。

第二章　泛希腊主义

一

[60]一旦现代读者离开伊索克拉底对城邦——那个对其公民有着太多要求并如此无可救药地沉浸于过去的城邦——之反思的那种压抑氛围，转向他那"理型"（ideal）的光辉气氛，他那泛希腊主义的典礼官装饰（marshal trappings）和盛况，就都会长叹一口气。最后，正是在这儿，伊索克拉底敦促希腊人做点什么，做点能够做成的事。他似乎忘记了他作品中使人回想起伯罗奔半岛战争后那种感伤情绪，并对那个有序可控的过去表达怀思渴望——这种怀思渴望也强烈地体现在他的同代人柏拉图、色诺芬和亚里士多德身上——的部分。而他作为一个实践人（practical man）的名声也正是建立在这个基础上。他不仅让自己在历史的敕令面前保持着可接受的谦卑姿态，还通过预测——即使他没法预测历史各种神秘莫测的目的，也至少能预测出其命定的趋势——帮助历史在其不可避免的发展轨迹上前进。伊索克拉底终其一生都在激情洋溢地书写关于发动一场新的针对蛮夷的战争的构想。他超越了一个叫德摩斯梯尼的人身上的那种狭隘的党派性（partisanship），同时

似乎也不理会柏拉图式的"象牙塔"(ivory tower)。他专注于希腊的总体利益,并寄望于其文明的未来,而非保护任何过时的秩序。据说,伊索克拉底还为亚历山大提供了意识形态。

[61]总之,上一段文字表达了有思想的现代读者在读了伊索克拉底那些伟大的泛希腊演说辞后的第一印象,它同时也经常是持久性的印象,而这一章旨在细致地审视那些演讲辞的重要性以及人们的这一印象是否公允。伊索克拉底的泛希腊主义之所以是其现存著作中最引人注目的元素,有很多原因,而最明显的一个原因是,不管是从质上还是从量上,泛希腊主义都格外突出。但现代如此关注伊索克拉底的泛希腊主义,其实还有一个多少更微妙的理由。比起过去任何一个时代,我们现代人有着一个更加极端的历史化倾向(historical orientation)。在评判各种文明时,我们不那么倾向于从它们对自身的直接陈述出发,或者从它们对彼此的看法出发,而是更倾向于从它们的实践所产生的影响或结果出发。我们将其视作一出伟大戏剧里的无意识的演员,戏剧的结局他们都不知道。只有活在事件发生后很久的人,才能理解那些角色的重要性乃至意义。从这一全景式的视角出发,伊索克拉底号召全希腊联合起来对抗蛮夷这一呼吁有着举足轻重的影响。亚历山大的壮举仍散发着余晖,这极好地阐释了他说的话。关于那一最终推翻波斯帝国并希腊化东方的希腊运动,他的著作是我们拥有的唯一文字记录。伊索克拉底的著作并没有被历史遗忘而沦为只供学者阅读的死文字,它们在人类精神的新纪元里依然发挥着振聋发聩的持续性影响。

不管这种解读有多么吸引人,[62]当中所包含的问题不容我们小觑。首先,它预设了伊索克拉底完全没有想过的事情。伊索克拉底当然不等同于亚历山大。伊索克拉底所建议的与亚历山大之所为之间也存在着明显的差异。通过后来发生的事情去理解或阅读伊索克拉底,是在先验地(a priori)否决伊索克拉底的思想,是在把那些发生在马其顿霸权下的事件统统看作对的、好的和不可避免的,而我们之所以对伊索克拉底感兴趣,仅仅是因为他推动了那些事件的发展。换句话说,这样一种理解伊索克拉底的方式,丢掉了学者应该具有的批判态度。历史事件之间的关联永远是复杂的,从某个似乎最为重要的历史事件出发去理解所有的历史事件,这是一个危险的诱惑。要解释伊索克拉底与腓力或亚历山大的关系,或者要解释他在创造为他们铺平道路的民族心理(national psychology)这一过程中所扮演的角色,唯一的办法是全面地理解这一角色,同时暂时不考虑那些伊索克拉底一无所知的事件。只有这样,伊索克拉底的思想与历史事件之间的真正对峙才会显现出来。

这种"伊索克拉底-亚历山大"式解读的第二个大问题,涉及伊索克拉底作品本身的复杂性。一般来说,解读伊索克拉底可以从三个角度出发,即作为道德家(moralist)的伊索克拉底、作为修辞家的伊索克拉底和作为泛希腊主义宣传家的伊索克拉底。所有这三个方面都流行过,只不过后一种几乎只流行于现代。从西塞罗到基督教教父再到卢梭,对伊索克拉底的主要兴趣要么集中在他书写演说辞的方式上,[63]要么集中在他就人应该或事实上如何行事所发表的看法上。即使有人注意到了他的泛希腊主义,这种泛希腊主义似乎也只被视为一种受限于特定历史事件的关切——这种关切本身已不再能勾起人们的兴趣,但它能充当用以表达一种更为持久的价值的工具。但由于我们已经开始相信历史进程的统一性和方向性,所以人们把更多注意力放在了人类自然本性的实现过程中那些划时代的历史事件上。由于有了这种新的兴趣,任何对伊索克拉底的关注,最终都变成了对他作为一个帮助带来这些变化的人的关注。

所以显然,这三条路径中的任何一条一旦脱离了其他两条,都会导致对伊索克拉底的曲解。伊索克拉底道德箴言的有效性与他发表这些箴言的场合密切相关。当他向腓力谈起针对蛮夷的战争时,以及当他面对雅典人说起古代秩序时,他可能说出不同的道德箴言。每个场合需要不同的箴言,而场合是那些箴言的关键。因此,把伊索克拉底的箴言收集起来本身没什么意思。而且,如果我们要解读的是作为一个修辞家的伊索克拉底,那就必须考虑一个修辞家必须展开的那类主题,以及他对修辞术职能的反思——这种反思体现在他对修辞术的使用中。最后,只有当我们了解了伊索克拉底的修辞技艺以及他对人类行为之正确方向的判断之后,伊索克拉底,这个招募军队抵抗蛮夷的人,才能得到恰当的理解。

因此,我们在解读伊索克拉底的泛希腊主义时必须极度小心。但是,对于这一切,现代的解读在专注于该主题的过程中,已经把握住了一些非常重要的东西。正是在这个主题上,[64]对伊索克拉底而言,修辞与实践多少碰到了一起。正是在这个问题上,他不断夸耀自己并声称自己应该获得名声。他的泛希腊主义演说是他最精雕细琢的作品,他显然是想让它们具有这种吸引人的效果。我们对泛希腊主义感兴趣,是因为伊索克拉底希望我们这样。但是为什么呢?

当伊索克拉底敦促希腊人停止自相残杀,团结起来一致对抗蛮夷时，他没有假装他有一个新的想法。恰恰相反，他暗示他的想法其实早已经是老生常谈。① 我们知道高尔吉亚、色诺芬、柏拉图和亚里士多德——更别说所有那些不知名的智术师和政治家——都对这个主题充满兴趣。这是一个如此显而易见的主题，以至于几乎没有人会忽视它。眼下，希腊人，迄今最有力也最文明的民族，正在一系列残忍而无意义的战争中消耗自身，而与此同时，他们其实正面对着一个天生对希腊人充满敌意，且唯一能从希腊人的内乱中获利的腐败而未开化的帝国——征服这个帝国能满足希腊内部敌对派系的个人野心和占地野心。任何一个与希腊城邦的派系小争斗没有利益瓜葛的有理智的人，都不会被这些暂时的利益蒙蔽，而不去寻找完全胜过这些无益争斗的解决办法。[65]城邦之间的政治已经因为彼此对扩张的狭隘关注而退化，而一个和那些政治目标水平相符的政治家阶层也已经出现。②

在这样的情况下，聪明人应该与自己的城邦保持一个批判的距离，并设法将城邦的注意力转移到解决这一危机上来。③ 事实上，要让严肃的人认同如此低劣的国家利益是不可能的。当时普遍的建议是建立某种与蛮夷开战的希腊同盟。伊索克拉底的泛希腊主义作品正是发生在这一框架内。他致力于阐明解决那一最紧迫的希腊问题的方法。需要指出的是，伊索克拉底关注希腊同盟以及如何促成希腊同盟这一问题，总是多过关注战争本身的问题。

---

① 《泛希腊集会辞》，15。

② 《泛希腊集会辞》，133-137。

③ 《泛希腊集会辞》，171。

他的大量演说辞都充斥着对合适领袖以及联合方式的讨论,而蛮夷则被留在背景当中。蛮夷只是结盟的借口和导火索,事实上,真正关于对抗蛮夷的方法和手段的讨论少得可怜。伊索克拉底总是坚持首先要让希腊人停止内战并拥有共同的事业。① 他指责说,其他所有探讨这一话题的人都仅仅谈到发动一场反对那位大帝(the Great King)的战争的可欲性,而没有人对此表示异议。然而首要的任务应该是让希腊人做好打这样一场仗的准备。这有时会让人们怀疑,伊索克拉底对反对蛮夷的战争本身并没有什么特别的兴趣,[66]同时,推动他的也不是想要建立一个伟大的希腊帝国的欲望。他仅仅是将这些充满吸引力的对象用作诱饵,以便把希腊人引向不那么使人兴奋但却更为重要和根本的问题,即健康的希腊政治生活的问题。

眼下,有理有据地搞清楚伊索克拉底所说的希腊同盟(Greek union)是什么意思,并将它与腓力用武力所建立的那个希腊同盟明确地加以区分,这一点至关重要。存在着几种可能的国家对策。我们可以创造出一个像意大利那样的中央集权国家,也可以形成一个主权国家的联邦,或者干脆建立起为了达成特定目的(limited ends)的城邦之间的和平协作。乔治·马蒂厄(Geroge Mathieu)的书的主要错误之一,在于他没有看到这些可能对策间的差异对伊索克拉底来说有多么重要。② 马蒂厄似乎认为那场伟大的泛希腊

---

① 《泛希腊集会辞》,16.

② 乔治·马蒂厄(George Mathieu),《伊索克拉底的政治思想》(*Les Idées Politique d'Isocrate*),Paris:Bude,1925。

主义战争是伊索克拉底毕生事业的一个不动点(fixed point),并且伊索克拉底所提出的各种替代选择取决于特定的历史境况——这些历史境况让某一路径在某一给定的时刻更可行或更不可行。这种观点恰恰忽视了城邦——我们在第一章中所阐明的那种城邦——对伊索克拉底的重要性。小而独立的城邦是实现人完整潜能的政治单位(political unit)。它的大小刚好适合人类。再小一点儿,它就会变得原始粗鲁;再大一点儿,公民就会淹没在茫茫人海中而失去其特色。[67]在大的城邦和国家里,人活得就像畜群里的动物。个体没有机会表达自己,也无法通过履行公民的职能来让自己被他人认识。法律远远地起着作用,它们更像是预防的手段,而非对政治体(body politic)中每一独立元素进行细致教育的制度。芸芸众生在僭主的统治下过着无序的生活。对伊索克拉底来说,最严格意义上的城邦是他一生唯一的政治标准。我们不能说,随着古希腊政治风向的变化,他对这一问题的看法改变了。确实,在不同的演说辞中,他或多或少有力地说到了这个问题,但这种差异可以轻易地解释为是为了满足每一种情况下手头主题的需要。即使是在《泛希腊集会辞》中,祖传政制也被说成是马拉松人和萨拉米斯人(men of Marathon and Salamis)爱国主义的原因。伊索克拉底对政治制度的政治偏好(political preference)的基础在他所写的每一篇演讲辞中都找得到,我们甚至可以大胆地说,这是他思想中唯一看起来从未改变的元素。对他来说,人类最尊贵的目标似乎莫过于一个在正义自治的同时又保有自由,并能充分满足肉体与灵魂需要的高贵的公民体(noble citizenry)。任何解决那个希腊问题的国家对策都得将好与坏一并丢弃,因为它隐含了改变公民生活基本结构的诉求。我们有十足的把握确信,伊索克拉底一直将他所描绘的雅典的祖传政制那样的东西看作最好的可行政治对策。

[68]这样一来,我们就会好奇伊索克拉底为何要花那么多的时间和才智去讨论泛希腊同盟。和他对城邦的巨大兴趣相比,泛希腊同盟似乎至多只是一个边缘角色。我们原以为他会将他的一生用于解决《战神山议事会辞》中提到的那些问题,而非似乎将它们放在一边,冒险进入一个会危及那一旧秩序之存在的领域。只有解决这一明显的矛盾,伊索克拉底思想的真正特质才会变得清楚。而如果有人试图无视这个问题,就像马蒂厄所做的那样,说像《论和平》或《战神山议事会辞》这样的演说只是为了让雅典绷紧神经准备打仗而作的,那么他就迷失了方向。这一主张非但完全没有文本证据,还忽略了这些演说辞和那些泛希腊主义演说辞之间的巨大差别——伊索克拉底通过"论和平"这个标题和他在《论和平》中对那位大帝的和平协议(the Great King's treaty)的支持强调了这一差别。① 两类演说辞之间存在着一种张力,而在我们认定伊索克拉底没注意到这一张力,或者试图通过给这些演说辞加上创作时间——以便让伊索克拉底有足够的时间改变他的想法——来解释这种张力之前,对文本报以尊重的方式应该是去看看伊索克拉底究

---

① 《论和平》,16;参《泛希腊集会辞》,175-178,120-121。事实上,《论和平》和那些泛希腊主义演说辞涉及相同的背景,但处理方式完全不同。在《论和平》中,伊索克拉底没有提出要发动一场针对蛮夷的战争。相反,他建议雅典通过占领色雷斯来安置过剩的人口——这样就消除了发动战争的最大理由。见《论和平》,24。

竟如何操控这一张力，以及他到底想通过这种张力表达什么。①

---

① 马蒂厄认定泛希腊主义是伊索克拉底写作生涯中唯一重要的思想，他因此不得不将那些不具有泛希腊主义特征的演说辞解释成伊索克拉底暂时性的重点转移。这样，他就只能将《布希里斯》解释为一部纯文学作品而对它置之不理，因为他认为这是一部非常早期的作品，写于泛希腊主义时代之前。但其实，在《布希里斯》中，伊索克拉底以最清楚的方式阐述了他的最佳政治秩序学说，他还告诉我们，斯巴达是所有希腊人中被管理得最好的。《战神山议事会辞》仅仅以浓缩的形式捡起了这个主题；而在伊索克拉底生命的尽头，问题又以差不多相同的方式在《泛雅典娜节演说辞》中被处理。而在所有这些演说辞中，泛希腊主义都不是主题。因此，说伊索克拉底之所以写下《论和平》和《战神山议事会辞》，是因为他对希腊政治形式的看法发生了暂时性改变，这是错误的。最佳政治秩序是伊索克拉底作品中反复出现的主题，这个主题本身和泛希腊主义无关。马蒂厄预设《泛希腊集会辞》是理解伊索克拉底所有著作的关键，这使他不能认识到其主题偏离现象的重要性。《泛希腊集会辞》与其说是指导方针，不如说是一个例外，它对关于城邦自然本性的一般性学说的偏离提出了非常重要的问题，这个问题在一个靠给演说辞确定写作年代的解释系统里是完全反映不出来的。一个同样未反映出来的附带问题是，伊索克拉底如此小心谨慎地呈现出他对斯巴达的偏爱。

马蒂厄说，伊索克拉底之所以在《普拉提亚人》——另一篇非泛希腊主义演讲辞——中支持"大王合约"（King's Peace），是因为那时候底比斯人（Thebans）正掌控着霸权（马蒂厄认为《普拉提亚人》写于那一时期）。但这不能解释为什么伊索克拉底会在《论和平》——马蒂厄认为《论和平》写于底比斯人不再那么强大的时期——中又一次支持该合约。为了解释这些内容上的变化，马蒂厄必须同时假定自己对伊索克拉底的个人情感了如指掌。然而，简单看一下那些演说的内容，我们就会发现一种能完全说明那一问题的解释：任何泛希腊主义战争都意味着对"大王和约"的背弃，然而投身于健康的国内政治却要求整个希腊的和平有序。伊索克拉底似乎一直同时持有这两种不同的思路，我们必须尽力理解他如何能同时持有这两种矛盾的立场。我们不能说他经常改变他的想法。答案是，他在谈论不同的东西，且这些东西并非单纯地因

[69]在伊索克拉底的演说里存在着两个政治主题——城邦和泛希

偶然的改变而造成。

僭政问题也是同样。认为伊索克拉底多次在僭政价值的问题上改变看法似乎是不合理的:在《布希里斯》中大加赞赏,却在《泛希腊集会辞》中大肆批判;在写给狄奥尼修斯的信中支持僭主,却在《论和平》中转而支持雅典;在《致腓力辞》为了得到腓力的支持而再次改变态度,最终在《泛雅典娜节演说辞》中重新拥护雅典。简单地诉诸历史性改变(historical changes)并不能充分说明问题;伊索克拉底在公元前368年写信给狄奥尼修斯,这一事实并不意味着那时的雅典相比于公元前380年或前355年的雅典,还没太做好发动一场战役的准备。因为按照伊索克拉底自己的说法,在公元前380年与前355年,雅典的事务一点也不令人满意。同样,在公元前346年——那是《致腓力辞》的创作时间——写《泛雅典娜节演说辞》这样的演说,也丝毫不比在公元前342年写差。所有存在于这些演说辞中的差异,都预设了一种关于僭政本质的全面学说,而这种学说可以在那些演说辞中找到。通过创作时间去解释《致腓力辞》和《论和平》之间的差异,并不比通过创作时间去解释亚里士多德的《雅典政制》和《政治学》之间的差异来得有说服力。两篇演说辞各有不同的目的。要想以别的方式解释,我们必须假定伊索克拉底有其个人动机,这些动机他并没有向我们明示。虽然可以通过伊索克拉底告诉我们的创作时间解释某些细节上的差异,但我们没有理由认为他的基本思想发生了改变,因为他从未有此暗示。如果他写信给一个僭主,那么僭政在他的思想中必然留有一席之地,而我们必须去理解的正是那个一席之地。每一篇演说辞必然都有一个创作时间,但促使伊索克拉底写每一篇演说辞的原因却不是它们的创作时间,至少在伊索克拉底那里是这样,因为他笔下的主题总是会不断地重现。

最后,即使根据伊索克拉底告诉我们的事件,要想确定那些演说的创作时间也非常困难。而由于他从未正式发表过那些演说,由于它们是虚构的,因此,演说中提到的那些日期可能也是文学意义上的虚构,即多年后对那些他想要呈现的主题的历史性重构。因此,要完全依赖于创作时间来解读,将不得不做大量特定的(ad hoc)假设。

腊主义,我们必须尽力弄明白伊索克拉底如何把这二者联系起来。

[70]伊索克拉底总把祖传政制当作遥远古代的一件创作——有时甚至不在历史记忆的范围之中。当希腊还年轻且风俗尚淳朴的时候,那些伟大的政治秩序就几乎已经都被创造出来了。① 这些秩序有赖于一个为其公民同胞设立不变范式的伟大之人的创造行为,比如一个像忒修斯或者吕库古(Lycurgus)那样的人。在城邦的根基中,存在着大量运气的元素,比如要有足够的土地和技艺养育人民,要有一批具有实现政治自由的充分潜能的人民,还要有一个立法者,在建立正义的秩序时,他有觉悟、魄力和勇气去克服自身的贪婪与嫉妒。[71]任何极度的匮乏都会让不义的秩序,即通过最有力的简单自保方式来占有资源而不关心最佳秩序,具有合法性。换言之,正义的政治制度需要一定的物质充裕和道德充裕做基础,而考虑到人类往往身处普遍匮乏的状态,正义的政治制度并不多见。因此,好的政治制度并不是每个社会的自然权利(natural right),而是极少数社会好运加努力的结果。由于正义的政治秩序是一种不可多得的宝藏,所以它必须被保护以免其他[政治秩序]的影响——因为把好的政治制度和坏的政治制度混在一起最多只会产生平庸的政治制度。好的政治制度在人类事物的一般水平(the ordinary level of human things)之上,因而必须被保护以免受到这种一般水平的影响;那个丑陋的词语"排外主义"(xenophobia)在公民社会找到了它的

---

① 《泛雅典娜节演说辞》,119-129,153;《泛希腊集会辞》,26-40;《论财产交换》,82;另参《布希里斯》,11-29。

正当性。① 诚然,一个人道的城邦(humane city)会试图和外人分享它的福分,就像雅典在建立起她的秩序后所做的。她把农业传授给其他的城邦;她为这些城邦提供了法律的样板;并且,在伊索克拉底的预想里,她还率领城邦中过剩的人口前往广阔的亚细亚,到那儿为自己取得充足的土地。所有这一切,慷慨的人都要做;但他们不能为了他人的利益而打破其自身政制的良好平衡,因为那不仅会损害其自身,对他人也毫无益处。对任何公民宪政(civic constitution)来说,最重要的东西是全体公民的齐心(homonoia),即全体公民分享共同的目标。② 所有人都必须认同共同善(common good)并致力于它;个人的私利必须服从整体的利益。[72]这要求打压特权阶层(overriding class)并在正义的基本问题上达成共识——这需要一代代人的努力。这也要求超凡的德性和节制。并且这还需要人口具有同质性(the homogeneity of the population)。

  这一切显然建立在极其脆弱的基础之上,因而生变的可能性不计其数。如果富人太富并且压迫穷人,那么阶层之间的和谐就会被破坏。如果庄稼很长时间都没能丰收,也会出现同样的结果。又或者,道德标准可能会发生一些微妙的变化,但这些变化直到后来才被人发觉,比如当公职所带来的荣誉变得比它提供的服务更重要,以及个人的野心开始过度膨胀时。但是,一个由节制的上层阶层所构成的健康的政治制度,靠着它内在的德性,能

---

① 《论和平》,49—50;另参《泛雅典娜节演说辞》,176以下。
② 《论和平》,19;《战神山议事会辞》,31;《泛雅典娜节演说辞》,178。

够抵御许多这样的考验。① 然而,祖传政制尽管十分强大,确实还是倒塌了。伊索克拉底在我们今天称作外交政策的东西上看到了毁灭的根源。在意识到斯巴达是其独立性的威胁以前,雅典一直顺风顺水。② 希腊的日益壮大和人口的日渐增多,使得一场关乎生存的斗争被摆上了台面。现在,斯巴达已经变得强大,雅典意识到她必须根据斯巴达的外交政策来调整自身的外交政策,否则就有可能损失自身的资源。德性有时必须披上恶的外衣(the clothing of vice)以便保护自己。③ 雅典被迫收起她的善意,[73]转而开始增强她的军事力量,由此迈开了她破坏旧日生活方式的一系列步骤中的第一步。

接着,关键的时刻来临了——那位大帝的入侵。雅典在崇高地保卫希腊人的过程中达到了她荣耀的巅峰。但在这么做时,她的内部也在发生着一场变革。在萨拉米斯,雅典人没有用其惯用的陆军,而是转而使用了舰队。这一选择是形势所迫。忒弥斯托克勒斯(Themistocles)选择从海上而非陆上迎击,这一决定无疑是非常棒的战术策略,也是希腊获胜的关键。但雅典人也因此颠覆了自己城邦中的权力平衡。从前战争发生在陆地上,作战主力是有钱为自己置办装甲行头的城邦公民。这意味着只有相当有限的人口,即那些受过军事训练并且有勇气面对近身肉搏的有钱人才能够成为战士。陆军是专为中产阶层保留的,并且当战争只

---

① 《泛雅典娜节演说辞》,148。
② 《泛雅典娜节演说辞》,166。
③ 《泛雅典娜节演说辞》,114。

使用由这些人组成的部队时,政治制度才能安然建立在这样一种节制的基础之上——他们掌握着实权,并且能够在道义上名正言顺地说祖国有赖于他们。现在,防御方式的改变消除了来自政治制度为他们提供的支撑。城邦需要水手,需要那些能够划船的人。教育的问题、钱的问题,甚至德性的问题,都不再是需要考虑的问题。当一个水手所需具备的条件,要比当一个士兵所需具备的条件低得多。主要的问题在于,如何尽可能快地得到那么多划船的人。而最愿意做这一工作也最容易找的人是穷人,甚至还有异邦人。[74]古往今来,海员们的道德声誉似乎都差不多。随着这样的人成为国家力量的主心骨,旧统治阶层的那些影响力也消失殆尽了。①

雅典现在知道,要想保持她的完整性和巨大影响力,就得保持她新开发的那种力量。她必须作出选择,是接受斯巴达人的统治,还是自己统治自己。这样一来,雅典建制中的海上力量就被制度化了,而不久之后,穷人也意识到了自己的力量以及雅典对自己的需要。

像伯里克勒斯这样的人靠着这些穷人上台了——作为回报,伯里克勒斯们不惜牺牲公共利益来让他们成为公民并给予他们好处。接下来的历史众所周知。雅典成了一种前所未有的肆无忌惮的放纵(abandoned licence)的中心。尽管她是所有文艺与科学的发源地,但她同时也是奢侈与贫困、雄心壮志与目无法纪

---

① 《泛雅典娜节演说辞》,114-119;《论和平》75-79,48,44,63-64。在《论和平》中,受到赞美的是马拉松战役而非萨拉米斯战役。

的中心。因城邦需要而被指派进政治制度中的人需要钱,而要有钱,就必须有一个"僭主式"的帝国。经过伯里克勒斯的个人领导,他得到了那些怀揣最多希望的人的信任。战争绵延不断,而雅典忘记了那个此前一直都是城邦核心的古老阶层。

这是伊索克拉底眼中雅典的可悲历史。值得注意的是造成这些变化的根源。问题肇始于雅典在战术上迈出的那崭新的一步,正是从那一步开始,[75]让雅典以及整个希腊如此悲惨的种种不幸结局接踵而至。① 不管旧的管理方式的根基有多深厚,它那用来维系自身的方式在波斯战争时期已然过时,而这样一种实权上的变化迟早会反映在城邦的制度上。来自外部事件的种种压力是促使人们生活方式发生重大改变的一个主要原因。这一点在我们生活的今天无需赘述,因为已经有太多的事件为证。没有哪个国家能够在没有工业化和所有与之配套的制度的情况下维持它自身。我们也不能忽视一个事实,即作为防御性手段存在的原子弹暗示了一种能够发明并生产它的社会,而拒绝顺应诸如此类需求的国家的下场会十分悲惨。一个国家再怎么与世隔绝,总可能有一些敌人用它所不知道的技术去攻击它。这个社会想要保护自己,就必须改变它的方式直到能够应对这一挑战。而有时候,它会在保卫自己的过程中丢失它最初想要保护的那个东西。

在公元前 5 到前 4 世纪,希腊诸城邦的大小与力量情况是,它们都会受到彼此的影响,从而不可避免地需要按照我们之前说的

---

① 《论和平》,122-133,12-13,88。

那样作出防御性调整。亚里士多德在《政治学》里说,在他那个时候,民主制似乎是唯一可行的政治制度。① 伊索克拉底还未一叶障目到看不到不同的情况会催生出不同的政治制度。[76]他的政治思想在这方面有着极大的灵活性:有时候寡头制是必要的,②有时候是民主制,有时候甚至僭主制。③ 假如没有三十僭主的暴行,在雅典完全不可能建立起一个寡头的政治制度,并且其成功的可能性也非常小。④ 穷人实在太多,并且城邦的生计太过于依赖他们的活动,这就导致一种僭政的压力不得不时刻压在他们身上。在过去,城邦不像现在那么庞大,与制造业相对的农业是其繁荣的基础。因此,当政府由中产阶层组成时,民众不会遭受太大的不义。⑤ 但在伊索克拉底身处的时代,一切全然不同了。我们必须记住,当伊索克拉底对着雅典人说话时,他是在对着那些负责变革的人,以及那些在新的政治制度确立后行将失去公民资格的人说话。并且在他说话的时候,他完全清楚在公元前4世纪的情况下,人们急需那种业已存在的组织结构。也因此,《战神山议事会辞》和《论和平》看起来更像是在分析而非在谈论现实的计划。

新局面让伊索克拉底眼中最好的政治秩序不再可能,而他对这种新局面的回应就是泛希腊主义。他的反应不像许多现代人会

---

① 《政治学》,1286b20-22。
② 《论和平》,117。
③ 《致腓力辞》,107。
④ 《战神山议事会辞》,62-69。
⑤ 《战神山议事会辞》,44-45。

做出的反应;他并没有看到一种命运,一种会带领人走向一种此前从未被设想过的事物新秩序的命运。他并不相信什么历史进程。[77]他的教导是人的自然本性不会改变,与此本性相应的最好的政治秩序也永远是相同的。即使一个城邦注定必须改变自身,也并不意味着那一改变就是好的。也许对希腊的状况来说,改变是必需的,但这并不意味着,建立在既存可能性(possibilities existing)之上的新秩序能像那种老的、过时的秩序一样可欲。就像原始主义是一个有瑕疵但却往往必要的阶段,庞大及过度文明化也有其瑕疵。唯一的希望是在那个有瑕疵的阶段发现某条道路,引领人回到过去的健康秩序。仅仅指出旧秩序的好是不够的,还得有办法创造出回到旧秩序的条件。

现在,让我们撇开所有在表达、听众以及修辞诡计上的变化,让我们仔细研读那些泛希腊主义演说辞,我们会发现它们的目标其实一以贯之,就是复兴美好的旧时代(the good old times)。伊索克拉底的想法是将希腊人团结在一个要求停止可鄙内斗、一起共同行动的事情上。① 而这就需要有一个目标,它必须能提供足够多的实际利益,以便调动起希腊人的想象和斗志。这样一个借口可以在希腊人自古以来的大敌,也就是蛮夷那里找到,他们有大量土地和黄金。② 这样一场仗会吸引大量想要得到好处的家徒四壁的

---

① 《致腓力辞》,9-10;《泛雅典娜节演说辞》,13;《泛希腊集会辞》,15。在他对雅典古代活动的描述中,他以最清楚的口吻陈述了他的泛希腊主义的目的以及泛希腊主义对穷人的安排。尤其参照《泛雅典娜节演说辞》,164-166。

② 《泛希腊集会辞》,173-174,179-186。

人来参军,[78]从而为诸城邦清空其最无责任感的公民。在获胜的地方建立殖民地也可以达到相同的目的。那些在希腊游荡的、服务于最高出价者的雇佣军也可以在这一大业中被吞并。① 这样一来,希腊诸城邦会发现它们曾经失去的活力被重新点燃,而那些节制的中产阶层也会重新获得昔日的影响力。这是一场新的特洛伊战争,一个对希腊人来说新的起点。这就是伊索克拉底那么多修辞诡计所服务的那个计划的核心。因此,在伊索克拉底的泛希腊主义里,绝无任何想要建立一个希腊民族国家的呼求,也无半点心思要将希腊文化传播到东方。

二

现在,我们必须非常仔细地看一看,伊索克拉底具体是如何劝说希腊人必须遵从他的行动方针的。《泛希腊集会辞》是他最著名、流传最广的演说辞,而且确实应该如此,因为伊索克拉底自己也夸耀它是最能证明他的劝说能力的演说辞,并总是在提到它的时候称其为代表作(chef d'oeuvre)。在《泛希腊集会辞》中,伊索克拉底将自己刻画为在一个大型泛希腊集会(great assembly of the Greeks)上发表演说的人,此时,所有希腊人暂时放下了纷争,本着善意前来观摩那些在最有趣的技艺上最有能耐的人展示其技艺。然而,这些集会并不嘉奖智慧之士。但即便有这样大的缺陷,伊索

---

① 《致阿基达摩斯》,9-10;《泛希腊集会辞》,167-168;《致腓力辞》,96,120-121。

克拉底还是将所有人对他天才般的提议所表示的感激当作对他的奖赏。此外,他还特意提请人们注意他修辞的美好,那是他用来说服听众的手段。这将既是一篇议事性演说,[79]又是一篇表演性演说(epideixis)。这样我们就不难理解,为什么伊索克拉底单单认为这篇演说是他修辞上最成熟的作品。它是唯一可能的方案;它是唯一可行的想法,而人们对它的遵循可以通过有说服力的话语来得到。

对照这一目的,我们发现《泛希腊集会辞》和《论和平》在材料处理上有着巨大的不同。这一不同可以通过两篇演说辞所营造气氛的差别感受出来:《论和平》弥漫着冷酷、责备的悲观态度,而《泛希腊集会辞》则与之相反,流露出热情、积极的乐观态度。与气氛上的差别相应,还有听众上的差别:一篇发表于热情洋溢的庆典上;而另一篇则发表于民族危机下公共讨论的庄严时刻。在这两个例子中,伊索克拉底的演说对象显然都是雅典公民团体,但各自的视角却截然不同。

对于相同的问题,伊索克拉底的处理也会随着千变万化的雅典人团体而变化。在这些细微变化中,最明显也最重要的要数伊索克拉底所采用的道德标准的变化。《泛希腊集会辞》的最粗心的读者会有一种印象,就是雅典一切都好,她的不幸仅仅是因为她受到了命运的捉弄。伊索克拉底通过讲故事、遗漏和颠倒黑白的方式推进着他的演说;他同意一个国家的领袖必须看起来是正义的,从而为雅典的正义提供了一副"意识形态"图景。我们若不假思索地加以判断,就会把《泛希腊集会辞》列入那些印证雅典人之光荣与伟大——在过去的一百多年里,我们已经听得太多——的作品中。[80]而在《论和平》中,一切恰恰相反。伊索克拉底对雅典过去的所作所为作了一番批判的、现实主义的分析;他不接受雅典将她自己的正当概念当作必然标准,相反,他将一种正统的道德准则(orthodox code of morality)用作尺度。他坚称,雅典及其公民的激情已经成了让雅典身陷麻烦的原因。

比如,《论和平》建立在这样一个假设之上,即米洛斯对话(Melian dialogue)里的道德已经成了整个雅典的道德。① 对他人之物不受约束的渴望成了大多数人行为的基础。贪婪(pleonexia),从邻人身上占便宜,似乎是最有利可图的生活方式。忒拉叙马霍斯(Thrasymachus)曾认为,正义是高贵的,但高贵无利可图,因而在事物的秩序里没有地位,如此观点导致了一种确信:贪婪是唯一的生活方式。这个观念在雅典帝国已经得到了体现,②那就是僭主的道德,而它的民主对应物则是一个依靠海上力量的帝国。在《论和平》中,伊索克拉底试图重新解释这个概念,他试图证明,真正的贪婪只有在正义(dikaiosune)之中才能被寻得。③ 然而在《泛希腊集会辞》中,一切却恰恰相反,通常意义上的贪婪被当作一个正当目的接受下来。④ 伊索克拉底只是暗示,在希腊这个权力如此平衡以至于不加节制的欲望只会落得两败俱伤的地方,满足这些贪得无厌的激情丝毫于自己无益。因此,[81]最好的解决办法是好好利用希腊人自古以来便仇视的蛮夷的无限财富。通过从表面

---

① 《论和平》,28-33。
② 《论和平》,91 以下。
③ 《论和平》,33-35。
④ 《泛希腊集会辞》,17。

上接受一种他本人所拒绝的常见的生活方式,并最大限度地利用既有局面,而非根本性地改变那一局面,伊索克拉底降低了他的标准。他会制定能带来他所中意的结果的政策,但他并不会要求执行这些政策的个体有正确的动机。如果希腊人能为了利益和荣誉停止内战,那就无需执着地要求他们是为了那无法激励他们的正义而那么做。

伊索克拉底在《论和平》的引言中说到了这一问题:

> 然而我观察到,你们并不会一视同仁地去听所有演说者的演说。你们会关注一些演说者,而对另一些演说者,你们甚至都不会去听。你们这么做并不令人惊奇,因为你们已经养成了将所有演说者,除了那些支持你们欲望的,驱逐下台的习惯。因此,有人能够理直气壮地责骂你们,因为尽管你们很清楚许多富人已经因为奉承者而破产,并且你们在私下里憎恶操持演说这种技艺的人,可是在公共场合你们并不会表现出同样的反感;相反,你们一方面谴责那些欢迎和欣赏由这类人组成的社会的人,另一方面,你们自己却比你们的公民同胞更信赖这些人。
>
> 事实上,你们已经促使演说家们去实践和研究以何种方法来取悦你们,而非实践和研究什么对城邦有利。大部分演说现在都诉诸这类话语,因为所有人都清楚,你们对那些鼓动战争者的好感要多于那些提倡和平的人。这是由于前者触动了我们内心深处的愿望——重获我们在几个城邦的财产,恢复我们曾享有的权势;而后者则绝口不提这样的愿望,他们所

坚称的是,我们必须保持稳重,且不应当要求得到与正义相悖的大量不义之财,要满足于我们现在所拥有的——然而这对大多数人而言偏偏是最为困难的。因为我们是如此依赖于我们的愿望,如此不满足,想要得到那些看似有利的事物,甚至那些拥有最丰厚财富的人也不愿意满足,[82]而是一直努力赚取更多,同时还害怕失去他们所得到的。①

伊索克拉底找到了一场战争,一场雅典人想打的战争;而这场战争会带来和平——伊索克拉底和智慧所建议的和平。

《泛希腊集会辞》一开始就主张,让希腊人产生分裂的问题从根本上说是政治制度的问题,即雅典和斯巴达在政制类型上的差异。② 如果不首先解决这个问题,所有的共同行动都是空谈。除非希腊人齐心协力,否则对蛮夷的所有攻击计划都不会奏效。因此,《泛希腊集会辞》的明确目标是彻底解决让希腊人之间互相残杀的内部分歧。伊索克拉底的回应是毫无保留地站在了雅典一边,他提出的解决方案是,让斯巴达和其他所有城邦都认同雅典的主张。他坚称,雅典有权成为领袖,她的政治制度是唯一正义的政治制度。他考虑了雅典的上古史(antique history),那是一段也许会被看作有神话性质的历史——尤其是因为我们知道伊索克拉底自己对神话颇有保留。③ 这段历史在某些方面极为引人注目。

---

① [中译者注]《论和平》3-5。原注"《泛希腊集会辞》,17"误。
② 《泛希腊集会辞》,15。
③ 《埃瓦戈拉斯》,7;《致腓力辞》,142-143;《泛希腊集会辞》,168。

首先,他赞扬了旧日的雅典政制,赞扬了它的正义与恩惠。但是,他从未提过那个在他的其他所有关于雅典的作品中如此重要的事实:这一政治制度已经无可挽回地败坏和改变了。他把雅典的历史当作一个在发展过程中不存在断裂的连续体。那些参与了马拉松战役的人的父辈,[83]还有那些教导了他们德性的人,与现在即将奔赴新的伟大战争的人绝无二致。① 在《泛希腊集会辞》中,作为雅典堕落根源的海上力量成了唯一能正当要求领导权的东西。② 根据伊索克拉底在《论和平》中所说,雅典人已经失去了所有的军事德性(military virtues)。他还取笑那些水手的后代,说他们自称是希腊世界的统治者,胳膊下却只夹着软垫(cushions)。③ 然而,也正是这一群体被他选作了希腊人的军事领袖。

同样地,在《泛希腊集会辞》中,伊索克拉底将自己呈现为一个坚定的民主人士。他陈述了民主派的共识,即公民出生(citizen birth)是判断一个人是否享有公民权的唯一标准,任何不承认这一立场的政治制度都是反自然的。④ 然而,在《论和平》和《战神山议事会辞》中,公民权的关键却是德性和财产。如果说伊索克拉底在

---

① 《泛希腊集会辞》,75 以下。

② 《泛希腊集会辞》,21。伊索克拉底在《论和平》与《泛希腊集会辞》中也玩了同样的文字游戏。他在不同的意义上使用 ἀρχή 这个词最能说明问题。在《论和平》中,海上霸权(ἀρχή)是斯巴达人和雅典人后来各种不幸的开端(ἀρχή)。而在《泛希腊集会辞》中,雅典人失去霸权(ἀρχή)是希腊后来各种不幸的开端(ἀρχή)。见《论和平》,101,105;《泛希腊集会辞》,119。

③ [中译者注]《论和平》,48。

④ 《泛希腊集会辞》,104-105。

这两部作品里描绘的政治制度是某种民主制——当然,这是一个有争议的点——那么它不单纯是多数人的统治。但在这里,伊索克拉底将他自己的看法和公认的意见完全等同起来,彻底收回了他的批判能力。①

[84]在《泛希腊集会辞》中,他在呈现雅典对希腊人的领导时极尽谄媚之能事。伊索克拉底似乎忘记了他自己关于正义的教诲,他坚称,既然领导权不是属于这一方就是属于那一方,那么雅典人显然要比斯巴达人更适合领导。② 一个散发着浓浓现实政治(realpolitik)味道的原则。他说,雅典是为了被统治者的利益以及建立民主制而统治,他以此表现了雅典的慷慨。而在《论和平》中,雅典的统治却被说成是完全基于对僭政的激情;雅典人把整个希腊搞得天翻地覆,破坏了各种政治制度,他们建立民主制仅仅是为了控制那些被改变的城邦。最令人惊奇的是,在《泛希腊集会辞》中,伊索克拉底从未提及伯罗奔半岛战争。不管是那场战争的起因,还是对雅典人的憎恶,抑或是雅典想要成为希腊世界(包括迦太基)霸主的渴望,伊索克拉底甚至都未曾做过暗示。③ 因此,雅典帝国的这段历史似乎带有某种迷人的天真(charming naivete),宛如常见的童话结尾:"他们从此幸福快乐地生活在了一起。"所有会破

---

① 《论和平》和《泛希腊集会辞》中存在的看法上的差异都不能通过创作时间上的差异来解释。不管是《泛希腊集会辞》之前还是之后的演讲辞,在这些问题上都大致保持着与《论和平》相同的立场。

② 《泛希腊集会辞》,100 以下。

③ 《泛希腊集会辞》,104-105。

坏雅典至善至美的东西在伊索克拉底的论述中都被小心地剔除了。① 这是一篇为雅典人所作的、为雅典正名的演说辞,而就像苏格拉底说的,"对着雅典人赞美雅典是非常容易的"。② 那些没有批判意识的听众、爱国者们,以及那些喜欢被赞美的人,[85]都不大可能对一篇如此谄媚地讲述其城邦事迹的演说提出什么反对——即使演说者讲这番话时已经脱离了真理最严格的标准。任何在政治大会(political convention)上听过别人演说的人,都能理解伊索克拉底在《泛希腊集会辞》里使用的修辞;相似地,任何曾是党派成员的人都能理解演说家所指望的那种心理。但我们不是某个党派的成员,因而我们不可避免地对伊索克拉底故意(因为我们若不认为伊索克拉底是个完全前后不一的人,就必须承认他是故意的,毕竟前后差别如此之大并遵循着这样一种固定的模式)承担的双重角色看得一清二楚:在《泛希腊集会辞》里,他将自己呈现为一名完全忠实的公民,而在《论和平》里,他摇身一变,成了政治事务上的批判思想家。

关于雅典给全希腊人带去的好处,在《泛希腊集会辞》的引言中,我们也随处可见与《论和平》中相矛盾或在《论和平》中有更为详尽的阐释的主张。比如,伊索克拉底说秘仪(Mysteries)向人们提供了"对一生的美好期望"($\pi\varepsilon\rho\grave{\iota}\ \tau o\tilde{\upsilon}\ \sigma\upsilon\mu\pi\acute{\alpha}\nu\tau o\varsigma\ \alpha i\tilde{\omega}\nu o\varsigma\ \dot{\eta}\delta\iota o\acute{\upsilon}\varsigma\ \tau\grave{\alpha}\varsigma\ \dot{\varepsilon}\lambda\pi\acute{\iota}\delta\alpha\varsigma$)。而在《论和平》中,同样的表达方式被用在那些过着正义和虔敬生活

---

① [中译者注]原文似乎存在脱字的情况。中译在 All that could spoil the perfection Athen's good deeds is… 中的 perfection 和 Athen's good deeds 中加入了 of。

② 柏拉图,《默涅克塞诺斯》,235d。

的人身上。① 秘仪是所有雅典人都能参与的东西,它并不比任何有组织的宗教团体的一般会员身份(simple membership)要求人付出更多的努力,甚至可能要求更少。这样,在换取对永恒的伟大期望的过程中,伊索克拉底就没有要求任何雅典所没有的东西。而在《论和平》中,伊索克拉底要求了一些东西,一些雅典很遗憾地并不具备的东西——正义与虔敬。整篇《泛希腊集会辞》都遵循着相同的主旨,不说任何让人不愉快或不舒服的东西。[86]相似地,伊索克拉底在雅典的土生性(autochthony)——那一允许雅典拥有她自己的土地而无需不义地将他人赶出去的伟大恩赐——问题上不得不说的那些东西,也由他的另一陈述加以补充,即整个古代种族事实上已经灭绝,新的背景不明的公民已被引入。② 最后,当我们考虑到他在其他地方就雅典生活的无秩序状态(anarchy)所说的话,以及他陈述了培养更节制品味的必要性,③还有他也说到雅典如何对待她的哲人(尤其是伊索克拉底他自己),雅典自由简单的生活以及为伊索克拉底所称道的她对哲学的爱如何改变了雅典的面貌。④

这种道德标准的重估(re-evaluation)在《致腓力辞》中甚至表现得更加明显,而这篇演说,如果粗泛地阅读,会被看作那些最无耻的僭主谄媚者的作品。《致腓力辞》的目的据说和《泛希腊集会

---

① 《泛希腊集会辞》,28;《论和平》,34。
② 《泛希腊集会辞》,24-25;《论和平》49-50,88-89。
③ [中译者注]in states the necessity for more moderate tastes 前加上了 and。
④ 《泛希腊集会辞》,43-50;《泛雅典娜节演说辞》,29-30,52-54;《论财产交换》,171-172,303-304。

辞》的目的完全相同。伊索克拉底向希腊天生的领导者腓力发出请求,恳请他联合全希腊人发动对蛮夷的战争。而在伊索克拉底看来,腓力是担任这一角色的不二人选,因为腓力既富有又有力量,还是生来便不受法律和个体城邦的风俗约束的君主。这样的人能自由地行动,比如自由地派遣或接见使者,在他认为合适的时候使用恐吓和劝说的力量,按照自己的判断来决定所有事——这只有在君主制形式的政府中才能实现。① [87]简言之,腓力代表了《泛希腊集会辞》中唯一缺乏的东西——实现泛希腊主义计划的实际工具。② 毫无疑问,《致腓力辞》是《泛希腊集会辞》的反面(contre-partie),因为一方所缺少的所有强硬(toughness)都能在另一方当中找到。但这不能用来为如下结论背书,即《致腓力辞》之所以不同于《泛希腊集会辞》,是因为《致腓力辞》写于一长串的挫败之后,这些挫败的结果是伊索克拉底的情感开始变得坚硬。事实上,伊索克拉底在他思想的早期就已经非常清楚地意识到这样一场希腊事务的革命需要——几乎是作为一种原则:一位开明僭主(enlightened tyrant)的益举。这点可以从他致狄奥尼修斯(Dionysius)的信中看到,这封信的写作日期距离《泛希腊集会辞》并不太远。③ 这封致狄奥尼修斯的信包含了所有之后在《致腓力辞》中

---

① 《致腓力辞》,14-16,127。
② 《致腓力辞》,12-14。
③ 在这里,我不想过多进入关于创作时间的争论不休的问题。狄奥尼修斯死于公元前367年,因此《泛希腊集会辞》——最早可写于公元前380年——距离伊索克拉底写给他的那封信最坏估计也只有13年。这封信的创作时间至少比《致腓力辞》早20年。

发展的内容的萌芽。我们越深入研究伊索克拉底的思想,就越能清楚地看到他并不像他有时希望的那样真诚,而对于力量在实现政治计划中的重要性他也并非毫无知觉。或许有人会问,如果伊索克拉底不是那些宣扬人道主义理论——这些理论后来在日常权力政治的熔炉里得到了改造——的仁慈的理想主义者之一,为什么写《泛希腊集会辞》的时候他明显没有考虑现实的政治实践?这确实是一个重要的问题,[88]回答这个问题能够帮助我们解决许多的悖论。我希望我能尝试着回答,但我必须先对《致腓力辞》加以分析,因为这篇演说辞会澄清泛希腊主义的本质。

演说一开始,伊索克拉底就谈到了雅典和腓力在安菲波利斯(Amphipolis)最近结束的那场战争,这似乎是个毫不相关的事件。然而,如果我们注意到伊索克拉底通篇演说的主要目的之一,是说服腓力严肃地对待一个雅典演说家——比如一个没有现实感的好说客(pretty talker),这种不相关之感就会渐渐退去。伊索克拉底复述了他的同伴如何嘲笑他要给腓力寄演说辞;腓力也许会有与这些朋友相似的反应:又来一个想要给我献计献策的爱管闲事的人,我可是这个世界上最强大的人,身边围满了能干的、会告诉我如何行事的谏言者。通过讲述他的弟子们后来如何改变了看法,伊索克拉底希望改变这种自然倾向。但是,能够指望那个大忙人腓力对这篇演说辞有多买账呢?这不是泛希腊集会上那些为了明确目的,即听修辞技艺的展示,而聚集起来的听众——他们有享受那种乐趣和享受文字游戏的品味。这是腓力,一个严肃的大忙人(man of affairs)。所以伊索克拉底在开头加上了一小段旨在引起腓力注意的论述,以此证明他也知道腓力的利益所在。这段文字用最纯粹的权力平衡的辞藻陈述问题,丝毫不提及正义或是正派。伊索克拉底仅仅说到,让雅典人继续保有安菲波利斯对腓力是有益的,[89]因为所有在那里定居的人事实上就都因此成了他的人质,这样一来,他就必定会拥有雅典人的善意;而这也会鼓励雅典人远离像腓力这样的人,在不会受到如此影响的地方建立他们的殖民地。

在这一段简短的引言中,伊索克拉底并不试图对一般习俗作出改革或改变,这里暗含的唯一动机是好处与个人利益。伊索克拉底将以最清楚的方式来展现腓力的为人,即他只会用这样的辞藻对腓力说话而不会对腓力说教或夸夸其谈。从这样的分析中得出的那些结论是完全可敬的,以至于绝不会让任何正派的读者感到震惊,但这些分析所在的层面让我们清楚地看到了伊索克拉底怎么看待腓力以及他的行事动机。伊索克拉底通篇的论辩方法都遵循着这一范式。泛希腊主义的理念从头到尾都以个人利益的口吻示人。

从风格上说,《致尼科克勒斯》要比《泛希腊集会辞》更接近于《致腓力辞》。就像伊索克拉底自己说的,《泛希腊集会辞》要更直白,更不加修饰。伊索克拉底需要让腓力相信这不是一篇表演性作品。这是一篇不会吸引节庆听众(festival audience)的演说辞。在这篇演说的许多地方,伊索克拉底都在花大力气指出这一点。他希望让腓力确信真理是真正重要的东西,同时将自己与一般的修辞家,并将腓力与一般的乌合之众区别开来。① 一切实际有利

---

① 《致腓力辞》,24-29,81-82,155。

可图的东西都无需伊索克拉底技艺的美化。正是在这一点上，[90]《致腓力辞》不同于伊索克拉底其他的谏言演说。《致尼科克勒斯》为尼科克勒斯立下了成为一个好人所必须遵守的正派道德准则；伊索克拉底在正派道德准则上没有做出什么重大的妥协，并且身体力行地引导着尼科克勒斯的良心。腓力被如其所是地对待，并且伊索克拉底还告诉他如何使他的财富翻倍。伊索克拉底就像帮助客户的证券经纪人，客户或明或暗的动机只是贪婪。[1] 伊索克拉底所建议的行为准则会帮助希腊，但这只是第二位的。正义极少被提及，并且从未被当作可以指引腓力行动的理由，而虔敬出现的次数也是屈指可数。这发生在伊索克拉底身上确实是一个令人吃惊的事实，因为他有时显得只会把正义和虔敬挂在嘴边。

和《泛希腊集会辞》相比，《致腓力辞》里出现的神话非常之少。所出现的神话也跟增加《致腓力辞》的可信度无甚关系，而是都具有特定的目的。比如说，那段关于赫拉克勒斯（Heracles）与希腊四大城邦间的关系的上古史，显然是为了证明腓力插手希腊事务的正当性。[2] 赫拉克勒斯是腓力的祖先，所以，腓力若试图领导整个希腊，那仅仅是在延续一个古老家族的传统。赫拉克利特斯同时也毫无疑问地是一个希腊人；我们也许会怀疑身为马其顿人的腓力，但通过给腓力这样一个家谱，伊索克拉底打消了所有的疑虑。这个家族之所以统治着马其顿，因为他们是最有能力的人——这

---

[1] 《致腓力辞》,32-34。
[2] 《泛希腊集会辞》,125-128。

意味着他们有成为僭主的激情。① 但这并不妨碍他们用如此得到的强大力量助益希腊人。[91]以这种方式,伊索克拉底为腓力提供了一个能够用来进军希腊的旗号。腓力应在祖传权利(ancestral right)的支持下进入希腊。这段话旨在引起希腊人的注意多过引起腓力的注意。而通过在这段话的末尾这样说——腓力既能表现得是在为那些最伟大的城邦做好事,同时又能得到一点也不亚于他们的好处,何乐而不为——伊索克拉底又把论辩带回到了他为腓力所准备的层面上。② 在《致腓力辞》中,光有好故事是不够的,它们的锋芒(sharp point)还必须总是被挑明。

除了恭维腓力的巨大力量外,伊索克拉底尽量不恭维腓力。伊索克拉底几乎没有说过一句暗示腓力在他一生中做过什么善行的话。腓力的价值在于他的力量而非他的善。在伊索克拉底看来,腓力现在拥有的地位来自运气。③ 在伊索克拉底的教导性演说辞(didactic speeches)中,他总是不停地区分运气带来的成功与德性导致的成功。运气带来的成功是可鄙的,而德性导致的成功则值得赞美。④ 勇气似乎是腓力具有或赞美的唯一德性,因此,伊索克拉底在特定的场合通过将它和肉体相等同而贬低了它的重要性。伊索克拉底表明,那个最为勇敢的赫拉克勒斯更多是因为他灵魂的德性而受到赞美,他身体的力量只是为他的灵魂德性服务

---

① 《致腓力辞》,106-108。
② 《致腓力辞》,36。
③ 《致腓力辞》,15。
④ 比如,《泛雅典娜节演说辞》,32;《致德摩尼库斯》,49;《布希里斯》,10。

的。① 这样一来,赫拉克勒斯与腓力之间的差距就十分明显了。[92]而当我们读到伊索克拉底给腓力写的第一封信,看到腓力在那里的行为方式与《致腓力辞》中小居鲁士(Cyrus the Younger)的行为方式如出一辙,腓力的勇敢究竟是勇敢还是鲁莽就很难说了。

《致腓力辞》的明确目的是让腓力转向"那些比他从前常常选的更合适、更高贵和更有益的行为"。伊索克拉底隐隐地谴责了腓力一直关心钱财和征战多过帮助希腊人。② 他坦率地说,腓力已经伤害了那些希腊城邦。当伊索克拉底想要说些不那么令人高兴的话时,他总会假借他人之口以缓和语气,免得把责任算在自己头上。他把雅典人说的关于腓力的所有坏话都告诉了他。他本人并没有担起为腓力辩护的责任,而是建议腓力以某种方式行事以证明那些恶意诽谤者都在撒谎③——虽然伊索克拉底也暗示他并不认为那些人在撒谎。

伊索克拉底举了四个人物为例来提请腓力的注意。④ 他们都是完成了惊人之举的人,伊索克拉底之所以引述他们,是为了证明伟业是可以完成的。这些例子不是神话,他们被载入史册全是为着他们自己。阿尔喀比亚德(Alcibiades)仅仅为了结束自己的

---

① 《致腓力辞》109 以下。
② 《致腓力辞》,35。伊索克拉底提出他帮助希腊人的计划时所采取的方式,就好像腓力自己永远都不会想到这些计划一样。他从未提到任何腓力为了他人的善而行动的例子——在其他针对个人的演说辞中,他会提到。
③ 《致腓力辞》,73 以下。
④ 《致腓力辞》,57-67。

流放生涯，就把他的母邦弄得天翻地覆，还背叛了那些收留了他的人。克农（Conon）和蛮夷联手打败了斯巴达人。狄奥尼修斯（Dionysius）是一个毫无德性、疯狂地渴望着僭主之位的人，他通过他的残忍和叛国行径实现了自己的野心。[93]还有身为蛮夷、奴隶之子和弃婴的居鲁士（Cyrus），他统治了整个东方世界。这样一份名单自然不会作为榜样递到一个君子面前。名单旨在以故事做不到的方式触动腓力；它旨在煽动行动，并展现可能性。对这份名单感到兴奋而非感到恐怖的人，必然也是对所罗列的那类行为不感到陌生的人。或许伊索克拉底就是在暗示，有待采取的行动也是相似的。伊索克拉底告诉我们，腓力正是属于这份名单的人。

《致腓力辞》本还有一个副标题，叫《论权力》（*On Power*）。权力的那些诱人潜力及其巨大危险是这部作品的魅力所在。前文应该已经清楚地表明，伊索克拉底并不对腓力的品性抱有多少幻想。这不过是另一个有着僭主之心的僭主——和叙拉古的狄奥尼索斯是一丘之貉。① 然而，命运却将这个男人带到了一个拥有至高无上的影响力的位置上，而这是一次机会，伊索克拉底可以利用这种影响力去实现最高贵的目的。这就是我们在上一节末尾所触及的僭政的永恒问题。每个人多少都觉得目的能为手段正名，从而能为僭主力量（tyrannical power）的价值正名。但普遍的人类经验教导我们，通过邪恶手段最终实现那些能为其正名的目的，这类情况是如此罕见，以至于彻底弃绝不可靠的行为路径似乎势在必行。当

---

① 《致腓力辞》，81。

然,伊索克拉底教导说,在所有的一般情况下,这必然是行为的准则。[94]城邦所采用的那种有关正义的常识性标准(common sense standards)是正派生活的准则,阿里斯提德(Aristides)作为一种人的类型要比腓力更为卓越。但在城邦道德破产的情况下,这些标准就不再完全适用了。我们又一次陷入了建邦者所处的情况之中,而创造一个正义能够占据主导的环境所要求的东西,并不总是和正义所要求的东西相一致。伊索克拉底并未像霍布斯或卢梭那样暗示,正义对人来说并非自然,以及恰恰相反,人是以一场反对他们自由本性的暴行为代价才被迫遵循着正义。伊索克拉底指出,我们的自然本性本身对正义就易感,我们对正义的需要很有可能比对其他任何东西的需要都多。但这种朝着正义的倾向需要合适的土壤才能生长,这一合适的土壤就叫作城邦。否则,激情和极度的缺乏就会败坏正义生活(just living)的源头。伊索克拉底在《致腓力辞》中——在试图重新创造出一场特洛伊战争,重新创造出那种能够让希腊政治生活新生的前提条件的过程中——正是利用了这些激情。伊索克拉底以巨大的审慎接近那位僭主,向他提供了他无法误用或无法用去作恶的东西。腓力已经十分强大,并且早已卷入希腊的事务当中。伊索克拉底建议腓力的所为事实上会缓和腓力对希腊所抱有的企图。但伊索克拉底确实接受了他在别的地方所拒绝的那些动机。他确实在释放那些激情的过程中降低了他的标准。他对此的正名方式是,提供一个所有人都赞美且都能遵循的目标。那一计划的宏大让人们忘记了他所采用的手段。当没有人能质疑他目的的高贵时,他那习惯性的无可挑剔的礼节(propriety)就能够被转变成政治上的狡诈。我们可以从伊索克拉底的一位伟大读者马基雅维利那里学到一些这种技术。[95]在《君主论》的那一诗性高潮(poetic climax)中，也存在着相似的召集所有爱国者发动一次伟大的联合战争的呼吁，而这要求人们接受那本邪恶之书所提出的手段。令人眩晕的未来使道德之眼看不清那条必经之路。

泛希腊主义是伊索克拉底的问题，从这个问题中我们看到了他思想的最深层面。正是在这点上，我们开始触及他所展现的那些最敏感也最矛盾的方面。也正是在这儿，伊索克拉底的思想必然引导我们反过头去思考伊索克拉底本人。既然腓力只是一块原材料，那么伊索克拉底自己才是那个政治家。在《泛希腊集会辞》和《致腓力辞》中，他不再仅仅就存在的和现实的东西发表评论和建议，他也在创造。他一手带入政治生活的那个目标是他的主题。离了伊索克拉底，腓力什么都不是；而离了腓力，伊索克拉底还有他的伟大想法。正是伊索克拉底创造了那场能将贪婪转变为正义的伟大战争。他将自己带上了舞台的中央。无论如何，从现在起直到本研究结束，我们都将专注于伊索克拉底对他自己的看法。

尽管伊索克拉底向腓力呈现那个宏大计划的时候用的是最物质的辞藻(material of terms)，但显然他没有考虑其中所包含的纯粹利益是否足以让腓力接受他的建议。他凭靠腓力品性中的另一元素来引导腓力自然地接受那一计划，该元素就是他灵魂的伟大(greatness of soul)，他的野心，或者说，他想被世人热爱和尊重的欲望。伊索克拉底似乎认定，在所有人民领袖身上都存在着某种对荣誉的爱,这种爱会推动他们去做能让一般人产生敬畏的伟大的事。① [96]这种激情既可以导向善,也可以导向恶,全凭个人的欲望。它是僭政的动力,是刺激一个人对其公民同胞称王称霸并强迫他们违背其意愿地奉承恭维他的动力。它本身不是一种正义的动机。它本质上是贪婪的衍生物。但这种对荣誉的爱可以转换成对高贵荣誉的激情。野心勃勃的人在城邦里是危险的,因为他们本质上是自私的。他们会为了其个人在人群中的名声而破坏平等主义机制。然而,就是这同一种人,当他们掌权之后,他们却可以拥有对伟大而正义的目标的欲望,因为那是赢得真正的尊重与荣光的唯一途径。不过,稍加思考即可知道,大多数僭主只收获了憎恶,他们的事迹都是外人咒骂的对象。② 另一方面,用自身力量帮助贫穷和不幸的人,或者用正义的法律建立伟大城邦的人,则受到了世人的爱戴和珍重。诗人们一代又一代地传唱着这些人的事迹。他们分有了这一世和下一世的所有快乐。很少有僭主真的只想要钱和权。也许是因为有时它们很难获得,所以它们才开始变得像目的本身。但所有的道德思想都认为,钱和权本身永远无法带给人满足。即使是在最坏的恶棍身上,也存在着某种与对荣誉的激情相关的东西——谁不想像忒修斯和赫拉克勒斯那样被人们永远铭记呢?如果稍稍仔细思考一下这点,[97]我们就会发现,似乎不管一个人的动机是什么,只要他想满足自己的这种欲求,他就

---

① 《泛雅典娜节演说辞》,81-82;《埃瓦戈拉斯》,3;《致腓力辞》,106-108。关于这一品性的不义本质,参《泛雅典娜节演说辞》,142-144,而关于僭政和灵魂伟大($\mu\varepsilon\gamma\alpha\lambda o\varphi\rho o\sigma\acute{u}\nu\eta$)之间的关系,参《埃瓦戈拉斯》,27。

② 《致腓力辞》,144-145;《论和平》,91 以下;《致尼科克勒斯》,4-5。

必定做出正义和高贵的行为——他必定成为一个人类的施惠者。人们是不会爱你的,如果你杀了他们或者抢劫他们的话;但如果你给他们安全和财富,你很有可能被他们敬若神明。德性似乎将所有的人类动机都拉向了她自身。伊索克拉底向腓力提供了可以想象的最伟大的属人荣耀。他事实上允许腓力将他的未来与诸神的未来相提并论。伊索克拉底的计划与腓力疯狂的野心完美契合。他向腓力展示了满足其未言明的希望(unarticulated hopes)的唯一道路。在演说的前半段,伊索克拉底致力于小心谨慎地将自己塑造成一个拥有实践判断力的人,因而所有抒情的元素都被抛在了一边。但到了后半段,伊索克拉底开始诉诸腓力的愿望,并且在临近结尾的一段持续的渐强音符中,伊索克拉底向腓力揭示了他的可能性。有意思的点在于,这些如此蔑视那些易受人影响的乌合之众的固执君主,居然有这样不切实际的梦想,居然会想要与诸神平起平坐。摆在腓力面前的时机在历史上是绝无仅有的。在此之前,从未有过一次完全消灭蛮夷的威胁、使希腊性重获新生的机会。与这相比,特洛伊战争简直不值一提。相应地,完成这一壮举所带来的荣耀也要大过绝大多数古希腊英雄曾经得到的荣耀。唯一可相提并论的人物是赫拉克勒斯。他是德性和英雄主义的典范,是最受世人爱戴的人。① 在泛希腊主义演说辞中,伊索克拉底

---

① 《致腓力辞》114-115,118,123-126,133-136,140-143,149-152。那个关于赫拉克勒斯在德性与恶性之间做抉择的普罗狄科传说(Prodicus tale)(色诺芬在《回忆苏格拉底》卷 2.1.21-34 征引了该传说),在公元前 4 世纪时必定早已众人皆知。伊索克拉底通过赫拉克勒斯这个榜样,并通过勾勒腓力所面对的危险——以一种微妙的方式——在腓力面前摆出了相似的选择。

释放了那些激情,并把希望寄托在他计划的吸引力上。[98]他希望他能让人们在兜兜转转之后最终回到有德性的行为上来。渴望荣耀,在恰当的理解下,至少意味着对德性的使用。而让人意识到这一必然性是伊索克拉底的职能。腓力为了赢得所珍视的荣耀,就必须按照伊索克拉底说的去做。

在《致腓力辞》最严肃的那部分,伊索克拉底诉诸的正是那种动机,即对荣誉的爱($\phi\iota\lambda o\tau\iota\mu\acute{\iota}\alpha$)。在他自己陈述的写作这篇演说辞的理由中,他表明对荣誉的爱是这篇演说辞的主题。他说他之所以写这篇演说辞,是因为他自身对荣誉的爱。① 而在《论和平》中,他的理由是雅典人的利益。他试图以此向腓力表明,腓力和他很像。他表现得就好像对荣誉的爱是唯一可能的行动理由。我们不能保证人们会按照这种欲望合理地行事,但我们能保证它一定是最强烈的可能动机(possible motivation)。它是某种人们能感觉到的东西。它是完全自私的。它不需要如此败坏的公民生活中的那些好习惯的支持。事实上,它就是想要比别人拥有更多的欲望。这一元素多大程度上能被用作说服腓力这类人的工具,可以从伊索克拉底致腓力的第二封信中看出——这封信可能写于喀罗尼亚战争(Chaeronea)之后,那个时候的腓力已经到了可以为所欲为的地步。那封信是关于荣耀的,伊索克拉底告诉腓力,对荣耀贪得无厌的欲望是众多贪得无厌的欲望中唯一一种并不可憎的欲望。②

---

① 《致腓力辞》,12。
② 《致腓力书二》,4-5。伊索克拉底还告诉腓力,一旦他征服了蛮夷,他就一定会成为神。在《致腓力书一》中,伊索克拉底说《致腓力辞》是一篇关于名声的演说。

伊索克拉底早已看穿了腓力，[99]他只会听顺耳的话。正因为如此，伊索克拉底必须隐隐地贬低荷马而褒扬他自己。荷马笔下的英雄们是腓力的竞争者，伊索克拉底必须让腓力比他们更伟大。在很大程度上，腓力需要依靠伊索克拉底来获得并保有他的荣耀。而伊索克拉底明确拒绝赞美他，除非他做出了实际行动。① 我们绝不能忽视伊索克拉底在呈现那一计划和塑造那个人的过程中所扮演的角色。

在分析了《致腓力辞》的功能和技巧之后，我们可以带着已经获得的所有知识，回到那个重中之重的问题上，即《泛希腊集会辞》的目的究竟是什么。虽然我们的论点可能会叫人吃惊，但种种证据表明，《泛希腊集会辞》并非真的意在实际发动一场泛希腊主义战争。根据伊索克拉底自己的证言，这篇演说发表于雅典的声望处于最低谷，而斯巴达人正以铁腕统治着希腊的时候。② 要让雅典成为当时希腊地区领袖的实际可能性几乎为零。雅典配得上这点并不能帮助他们获得领导权，就像现在瑞士人的德性也不能帮助他们取得自由世界的领导权一样。除此之外，我们之前已经看到，《泛希腊集会辞》没给出任何有助于达成同盟的实际建议。我们不能说伊索克拉底只是在提出想法，为之后该想法成为公意做准备，因为伊索克拉底自己说过，那一想法早已路人皆知，真正需要的是实际的建议。整个权力元素——《致腓力辞》中所表现的那种权力元素，在《泛希腊集会辞》中是缺失的。[100]从这个意义上说，

---

① 《致腓力辞》，153。
② 《论财产交换》，57。

《致腓力辞》、致狄奥尼修斯的信以及《论和平》,都是对《泛希腊集会辞》的无声批判。

伊索克拉底就其演说所面向的那类听众所说的话将强化这一第一印象。

> ……我已经决定在向你发表演说的同时也为我的学生们树立一个榜样,让他们明白,用演说来让我们的民族集会(national assemblies)苦恼并对着所有聚集在那儿的人演说,事实上无异于对着空气演说。这些演说与那些智者们拟好的法律和政治制度一样,无甚效果。最后,那些渴望发表一些具有现实意义的言论而非喋喋不休地谈论没价值的话题的人们,还有那些认为自己的话题有助于共同利益的人们,他们应该放弃公共庆典上的长篇大论,①留给其他人去发表。他们自己必须找到一个发言人来陈述他们的理由,这个人还必须从那些不仅具有演说能力和行动能力,而且在这个世界上占据高位的人中选择。当然,前提是这个人要对此有兴趣。②

《泛希腊集会辞》,就像这个标题告诉我们的,是一篇旨在满足盛大庆典所创造出的那些需要的演说——在这样的庆典上,往往"睡着的人多过聆听的人"。③ 伊索克拉底从未在除《泛希腊集会辞》以外的演说中赞扬过这类特殊的听众。这种场合与其说是用

---

① [中译者注]原文作"他们应该去让他人发表那些泛希腊主义演说($παν\acute{η}γυρις$)"。
② 《致腓力辞》,12-13。
③ [中译者注]《泛雅典娜节演说辞》,263。

来推进有现实意义的计划的,倒不如说是用来表现演说才能的。表演的目的是为了取悦,而我们不能指望从这样的话语中找出他思想的严肃内核。那篇演说辞是一篇对着雅典人赞美雅典人的演说辞。

……有一些人会说这一切都说得不错(因为他们吝惜说"好"),但是比起那些赞扬我们过去成就的演说辞,那些谴责我们现在错误的演说辞要更好,也更有价值,同样地,那些指导我们现在应该如何去做的演说辞,也要远远好过那些重述上古历史的演说辞。①

要更好地理解这段话,看看伪朗吉努斯(pseudo-Longinus)如何严厉批评伊索克拉底在《泛希腊集会辞》中的自夸,或许不无帮助。

[101]伊索克拉底不知道在野心的问题上他犯了多么幼稚的错误。他的野心让他想要夸大他想说的一切。他的《泛希腊集会辞》的主题是雅典比斯巴达对希腊的贡献更多,然而在演说的一开头,他用了这些词:"此外,言辞(logos)的力量是如此之大,以至于它能让伟大的东西显得卑小,让渺小的东西显得宏大;同时它还能把过去的东西说得好像才刚刚发生,而把刚刚发生的东西说得好像已经过去很久了。"那么我们或许可以问:"伊索克拉底,你是否故意以那种方式暗示,那些关于

---

① 《论财产交换》,62。

斯巴达历史和雅典历史的事实应该互换?"因为在他为言辞所作的赞歌中,我们可以说,他已经事先警告了他的听众不要相信他。①

如果我们严肃地研读这一批评,并将它与其指涉的那部分文本联系起来看,那么我们不得不说伪朗吉努斯是对的。一个试图让我们相信什么的人说自己其实是一个歪曲的老手,这确实令人奇怪。那篇演说使人信服的全部力量,在伊索克拉底宣布它只是纯粹修辞技艺的产物之后,消失殆尽了。唯一我们可以反对伪朗吉努斯的方面在于,或许伊索克拉底要比他有智慧,尽管他对伊索克拉底措辞的分析是对的,但很有可能伊索克拉底完全知道他在做什么,且他本人怀有一个更深刻的、不为其著名批评者所理解的目的。

显然,《泛希腊集会辞》的目的是为伊索克拉底和这篇演说中的修辞术赚取名声。因此,我们不难理解为什么伊索克拉底不惜损害其演说的说服力,也要赞美修辞术及其力量。如果是他和他那令人钦佩的技艺赢得了公民大会的赞誉,那么他就必须清楚地表明,真正卓越的不是演说主题的内在价值,而是塑造了那一主题的手。② 值得注意的是,[102]《泛希腊集会辞》的开头和结尾都在讨论伊索克拉底。那篇演说发表于人们争相夺取荣誉的场合——

---

① 伪朗吉努斯,《论崇高》,38.2。
② 有意思的是,费内隆(Fenelon)似乎将伊索克拉底视为一个只为其自身荣耀发声的修辞家,从而将伊索克拉底视作一个对城邦无用的人。《修辞术初论》(*Premier Dialogue sur l'Eloquence*),Paris:Hachette,1850。

希腊人之间的高贵竞赛。伊索克拉底并没有跟随高尔吉亚,对庆典的创立者们无条件地大加赞扬;相反,他跟随了色诺芬,批评创立者没有为智慧设立奖赏——尽管头脑的作品是迄今为止最重要的属人之物(the most important human thing)。① 他声称,他没有因此而气馁,而是把他对荣耀的希望寄托在了演说自身以及演说会为他赢得的荣誉上。因此,那篇演说的目的,是为伊索克拉底身上所表现出的智慧在希腊人中找到容身之所。他选择了一个会让他显得是所有人的施惠者的主题,并赞美了他自己的城邦,以此赢得了城邦其他公民的感激。如果说那篇演说没有或不能产生实际影响,那么,显然它已完成了伊索克拉底为其设计的目标。伊索克拉底说这篇演说让他受到了嫉妒,并且它不断地被人模仿。② 通过那篇演说,伊索克拉底为自己的教学确立了地位。演说最后,他号召其他人跟他一起学习并努力赶上他。这样,他就将学生吸引到了自己身边。这一努力似乎已经成功。在他优美的演说和他美好的声名吸引下,一个以他为中心的学园产生了。

有时候我们很难想象古代那些智慧的人有多么看重他们的技艺,也很难想象言辞对他们来说有多么重要。伊索克拉底的价值一般通过他所牵涉的那些政治事务来衡量,[103]但他本人似乎将他所致力的技艺看作是最重要的东西。我们只需要想想高尔吉亚或柏拉图就他们自己的职业说过什么,就能认识到这一立场的可

---

① 《高尔吉亚》,b7;色诺芬 b2。见狄尔斯(H. Diels),《前苏格拉底哲学残篇》(*Fragmente der Vorsokratiker*),第五版,Berlin:Kranz,1935。

② 《致腓力辞》,10-12;《泛雅典娜节演说辞》,16;《论财产交换》,46-49,74,86-88。

能性。我们必须讨论伊索克拉底对他职业的评价,以便理解他如何能将看起来最重要的政治生活从属于他的哲学。而这样一来,我们也能在某种程度上证实我们对《泛希腊集会辞》所作的结论。

三

人们对伊索克拉底稍纵即逝的第一印象是,他是一个非常节制的人:评论政治事物,教育年轻的政治家——而他选择这种生活仅仅是因为他没有过政治生活所需要的那种能力。他的追求似乎只是某种影响其公民同胞的次好的(second best)方式。事实表明,他的大多数演说都是关于政治的,并且他有三次提到他没有政治所需要的那种胆量。我们在第一节中已经分析了这一表述模棱两可的特征,以及它与伊索克拉底对胆量的反思有何联系。现在,我们或许可以补充一点,即他每次都是在必须为自己的安宁生活辩解的场合做出那番表述的——两次是面对僭主(他们显然只尊敬参与政治实践活动的人),一次是在雅典人面前(他们只相信那些像他们的人)。① [104]伊索克拉底对私人生活(private life)的需要可以通过身体机能上的欠缺(physical incapacity)轻而易举地得到正名;过着私人生活的人从本质上说就是可疑的,伊索克拉底最直接的表述并不总是他最坦率的表述,因为他总是要保护他自己和他的研究免遭一系列的误解。他的谦卑态度是他的自负的保护色。他会被更严肃地对待——如果他把自己呈现为一个在比他更

---

① 《致腓力辞》,81;《致阿基达摩斯》,9;《泛雅典娜节演说辞》,9-10。

重要的事务上的谦卑谏言者的话。

伊索克拉底的自负开始显现的第一个层面,可见于《致尼科克勒斯》这样一篇演说辞。伊索克拉底教导尼科克勒斯时,就好像后者有如孩童般无知。他以不容妥协的高高在上的口吻,为尼科克勒斯规定了他人生的整个道路。显然,伊索克拉底认为自己远远优越于尼科克勒斯。《致尼科克勒斯》——在那里,尼科克勒斯表达了他自己的想法——承认了哲学相较于其他追求的至高优越性,从而展现了尼科克勒斯对伊索克拉底优越性的误信。哲学是完满的学科(complete discipline),人身上唯一属人的东西。而只有学习哲学的人才是在政治事务上最有智慧的人。好的谏言者是正派政治生活的必要条件,相应地,统治者身边的谏言者也就比统治者本人更加重要。宣告城邦恶行的人应该是最受城邦尊敬的人。①

从这个意义上说,伊索克拉底要求得到更高荣誉的主张就很容易理解了。言(logos)对于行(ergon)的主导性([105]言的优先性体现在每一件重要的人类事务上)塑造了伊索克拉底的言辞——它们是最好的言辞,是政治生活的前提和支柱。《致腓力辞》可以证明这一点。腓力和他的力量仅仅是原材料。这样的原材料常有,但只有极少数智慧的人才能给泛希腊主义计划下一个定义,并用优美或有说服力的方式将它展现出来。只要腓力仅仅代表着身体力量或身体,他就是可鄙的。除了《致腓力辞》中所

---

① 《尼科克勒斯或塞浦路斯人》,1-11;《论财产交换》,253,174-175;《论和平》,39-40。

展现的伊索克拉底的力量之外,伊索克拉底还具备让任何他所意愿的人出名的能力。由于腓力这种人的目标是不朽的荣光,因此他们就得依靠伊索克拉底来实现他们的愿望。"因为这些[有名的平庸之辈]有诗人和故事家(storytellers)为他们唱赞歌,而其他人[不有名但应该得到荣誉之人]则得不到任何人的赞美"。① 荷马对其笔下英雄们的重要性是毫无疑问的,我们甚至可以自问,阿基琉斯与荷马,世人会更记住谁?伊索克拉底将适度地让城邦治理得好,让人流芳百世,甚至取悦民众。因此,他理应得到所有人的感激与尊重。

于是,在政治生活中,立法者是最重要的个体。所有随之而来的事物都要归功于立法者的才能。用伊索克拉底的话来说,他们赋予了城邦灵魂。伟大莫过于建邦者,因为其他所有人都是在他所设立的框架内工作,并且从某种意义上说是在为他的制度增光添彩而工作。[106]一个人能拥有的最大的政治抱负,就是成为伟大的建邦者,成为类似忒修斯或吕库古那样的人。但伊索克拉底这个没有胆量的人,却有胆量说他比建邦者还要伟大。他的技艺适用于所有人,而法律则依照其本性就受限于这个或那个群体。他的任务要更加艰巨,因为现在法律很多,而能够认识到什么必须说以及如何说的人却少之又少。② 那门技艺的普遍性非常接近于泛希腊主义这样一种所有人的联合,即所有自身具有人性的人反抗那些威胁到其人性的人。我们或许可以这样说:他们其实是在

---

① 《论财产交换》,137;考虑《埃瓦戈拉斯》的开头与结论部分。
② 《论财产交换》,81-83。

为保护伊索克拉底的技艺而战。

到目前为止,限制伊索克拉底参与政治的原因都是伊索克拉底自身的原因,但思考以下两段文字后足以表明,我们的演说家远离政治并不仅仅是其身体机能上的欠缺所致。

> 我希望完成两件事。满足我的孩子,以及让他们知道,即便他们不成为公民大会上的演说家或将军,只要他们模仿我的生活方式,他们就绝不会在希腊人中默默无闻。①

> 我规定自己过这种生活,不是因为我富有或傲慢,也不是因为我看不起那些不按我的方式生活的人,而是因为我喜欢安宁,喜欢没有公务缠身自由自在的状态,而最重要的是,我看到这样生活的人不仅在雅典,在世界上其他地方也都有很好的名声。此外,我认为这种生活要比干很多事的人的生活快乐得多,并且它和那个我一开始就投身的事业更加合拍。②

他的作品暗示,他远离一般公民的生活有两个原因:一是为了他事业的完满,二是为了他自己的快乐。[107]《论财产交换》全篇都在为一个尽可能不与同胞一起生活从而逃避负担的人的生活正名。因为这人是个正义的人,他做了所有正派人士需要做的事,但都只是消极的。只要没有礼法强迫,他就不会参与任何事。公民生活的那些必不可少的东西似乎对他产生了压迫,他尽

---

① 《致米提林的统治者》,10。
② [中译者注]《论财产交换》,151。原注"《论财产交换》,157"误。

可能地将它们减少到最低。不管我们怎么想,他都不符合他自己心目中的好公民形象,即一个被他的城邦所塑造,其抱负只限于城邦所能提供的最高荣誉的人。他的荣誉和快乐都是私人性的,并且他以行动而非言辞表达出他蔑视那些过着公民生活的人。这个人不认同城邦的抱负,并且在思想上更愿意寻求那个智慧者大家庭(the universal community of the wise)——那个大家庭的判断很有可能与公民大会的意见不一——的认可,在他身上,确实存在着某种颠覆性的东西。① 伊索克拉底知道这一点,也正因为如此,他才不断地变着法子为自己的哲学辩护。我无意在此讨论那一想法,包括它可能是什么或不是什么。这是极为复杂的问题,我们得把它留到最后。我们只希望证明,在吞噬一切和要求一切的政治生活之外,还存在着人性的另外一面,那种试图获得劝说女神(the goddess of persuasion)的知识的技艺。② 这种技艺会使人全情投入,并且是,或者至少有时看上去是,和政治生活相冲突的。伊索克拉底渴望说服人们他的哲学知识最终对政治生活来说是必需的,[108]但它显然无法简单地与政治生活共存。那个实践此技艺的人是非政治的,并且他还建议他的孩子——可能不像他缺乏身体上的那种机能——和他一样。他会为他的哲学而死,但他从来没有说过他会为他的城邦做相同的事。③ 某种我们称之为"文化"(culture)的东西对他来说最重要,那是真正

---

① 《埃瓦戈拉斯》,74。另参《泛雅典娜节演说辞》,261。
② 《论财产交换》,249-250。
③ 《论财产交换》,177,51。

美好生活的特定元素,而城邦暗含了某种对庸俗的妥协。私人的研习生活(private life of study)是最好的生活,因此必然存在着一些不需要城邦的人。这一点得到了人所能期待的最清楚的证明,因为伊索克拉底的一篇最严肃的政治演说以这样一条问答(catechism)收尾:"[所有那些有能力写演说辞的人应该努力]让众希腊城邦走向德性与正义,因为当希腊人过上好日子时,哲学的处境也会变好很多。"①德性、正义以及可以说所有的人类生活都被指向了哲学。伊索克拉底为了哲学而让自己投身于城邦,而不是为了城邦而投身于哲学。

在《泛雅典娜节演说辞》里有一段很长且非常重要的文字,里面极为动人地说到了伊索克拉底对自己的看法。

> 阿伽门农诞生于阿尔戈斯,他不仅仅拥有一种或两种德性,而是拥有所有能够被人叫出名的德性,并且这些德性还不是仅仅处于平均水平,而是极为卓越的。因为我们将会发现世界上没人做过更出色、更高贵、更重要、更有利于希腊或者更值得赞扬的事业……我选择帮助这个遭受过与我和其他人同样的不幸且失去了应有名誉的人,这个尽管在他自己的时代为世界作出了最杰出的贡献,然而得到的赞扬却比那些只做了一些不值一提之事的人还要少的人。

> [109]如果世人都集合起来,都不可能找出一个比他更伟大的人,他获得了这样高贵荣耀的地位,还缺乏什么样的荣耀

---

① 《论和平》,145。

呢？他已经成为唯一被认为配得上领导所有希腊军队的人。他是被众人推选上去的还是自己谋求到这一地位的，我不知道。但不管这是怎么发生的，他没有给在他之后的任何一个出名的人以机会，去超越那份和他的名字联系在一起的荣耀。而当他获得了权力后，他没有伤害任何一个希腊城邦，反而在希腊人处于共同战争状态或迷惘不幸之时去指挥他们，他从这些不幸境况中解救了他们，并且在他们当中建立起了团结。他对所有大规模且无益的征战不屑一顾，他将希腊人集合成一支军队，然后领导他们对抗蛮夷。在那些成名于他的时代以及之后几代的人当中，没有人完成过比这更值得尊敬和更有利于希腊的远征。尽管他完成了所有这些事业，但是他没能获得应属于他的名声，因为人们喜欢舞台上表演的甚于喜欢现实进行的，喜欢虚构的甚于喜欢真实的。虽然他已经证明了自己是如此伟大，但他的声名甚至比那些毫无魄力只会模仿他的人都小。

我们颂扬他不单单是因为这些事情，还有他同时做的其他事情。他把他的任务设想得如此崇高，以至于他不满足于从希腊各个城邦招募普通公民组成他的军队。相反地，他劝说那些习惯于在他们自己的城邦内为所欲为并对他人发号施令的君主追随他，打击他要他们打击的对象，做他命令他们做的事，并且不要再像帝王而是像一个士兵那样生活。同时他让他们相信，他们以身试险、为之战斗的不是他们自己的母邦和王权，而是，从言辞上说，为了海伦，墨涅拉俄斯的妻子——尽管从现实上说，他是为了希腊从此再也不遭受蛮夷之手的凌辱。他们之前曾经遭受过这种不幸,在珀罗普斯占领了整个伯罗奔半岛,或是达那俄斯占领阿尔戈斯,或是卡德谟斯占领底比斯期间。除了一个有着阿伽门农般自然本性和力量的人,试问这世上还有谁在这些事情上有这样的先见之明,并能采取措施避免未来出现任何诸如此类的不幸?

另外,与上述成就相联系的还有一点,尽管这比我提到过的那些事业要小一些,但仍比其他人反复吹捧的那些事业更加重要,并且更值得一提。他指挥了一支由来自各希腊城邦的士兵组成的军队,士兵的规模可以想象,因为其中包含了许多神的后代与直系子孙,[110]这些人与普通人毫不相似,品性也与其他人完全不同。他们充满了愤怒、攻击倾向、嫉妒和对荣誉的爱,然而他控制军队长达十年,并非通过巨额贿赂,也没有花费金钱或是用现在所有统治者维持自己权力的方法,相反,这是因为他卓越的实践智慧,那种将从敌方那里取得的战利品用作己方士兵的补给的能力,尤其还因为士兵们意识到相比于其他人只为自己的安全考虑,他能更好地为他们的安全考虑。

但是,他最终完成的成就甚至比所有这些都要更伟大,受到的倾慕一点也不亚于刚才提及的这些事业。尽管他确实与我刚才所叙述的荣耀没有任何的不匹配或者不相称,尽管他发动战争时表面上只是针对一座城市,但实际上他不仅是针对所有居住在亚洲的人,还针对许多蛮族人。在打败那些胆敢进攻希腊的人并且奴役他们、终结他们的傲慢之前,他从未想到要放弃战斗回到家乡。①

我们必须谨记,这是一篇细心写就(carefully written),因而读者必须细心去阅读的演说辞,因为里面——依照伊索克拉底自己的说法——充满了微妙之处。同时,这也是另一篇以捍卫哲学开始,以号召研习结束的演说辞。这篇演说辞的意图是赞美雅典。伊索克拉底无法赞美自己而又不激起他人仇恨的妒意。但在这篇看起来老态龙钟的作品——这篇演说辞一直被视作一位耄耋老人所做的最后努力,尽管伊索克拉底自己认为这篇演说辞非常的好——的中间,伊索克拉底允许自己发表了一段离题话。认为伊索克拉底已经老态龙钟的人会微笑着跳过这一部分,但相信伊索克拉底是一个严肃并且聪明的人的读者却会停下来思考。伊索克拉底清楚地指出,他认为那些话是无关的和大胆的。他说阿伽门农没有得到正义的对待,没有得到应得的赞美,而他自己也遭遇了相同的命运。有没有可能,伊索克拉底敢于给那不被赞美的阿伽门农的赞美,正是他不敢给他自己的,即他把他的大胆隐藏在了软弱的外表之下?[111]仔细检视这段对阿伽门农的赞美,我们就会发现,如果加以必要的改动,那里面没有一点是不能用到伟大的伊索克拉底本人身上的。

伊索克拉底一开始就评价了阿伽门农所行事迹的价值,所用的词汇和他一开始评价他自己活动时所用的几乎一模一样。然而,他补充说,这些活动理应获得更高的赞扬。阿伽门农拥有的荣

---

① 《泛雅典娜节演说辞》,72-83。

誉,使得"即使世人都集合起来,都不可能找出一个比他更伟大的人";对一个选择了这样的对象或行为,以至于"即使世人都集合起来,都不可能找出一个人比他更伟大、更高贵、更有利于所有人"的人(比如,伊索克拉底)来说,这份荣誉是对等且合适的附属品。①只有阿伽门农能做整个希腊的统帅。至于这个头衔是被授予的还是他自己得到的,并不重要。我们可以想一想那个写了《泛希腊集会辞》的伊索克拉底,那个时候,所有的政治家都正专注于自己城邦的私利。伊索克拉底让自己成了整个希腊的领袖。他不伤害城邦,而是发起了一场可以给所有人带去利益的战争。他没有得到名声,是因为比起受益,人们更喜欢被取悦。伊索克拉底和阿伽门农在所有这些点上都是一样的。

此外,他们还有着同样的自负(pride)。他们都跳出自己的城邦,招募君主加入他们的战争,并要求他们过打下手的生活(live as subordinates)。腓力、狄奥尼修斯、阿基达摩斯以及尼科克勒斯都是伊索克拉底军队中的成员。在阿基达摩斯和尼科克勒斯作为发言人的演说辞里,我们可以看到,他们已经变得多么伊索克拉底。并且这些人不像其他人,他们满怀着激情和对荣誉的爱[112](这也顺带说明了为什么伊索克拉底不得不在那些泛希腊主义演说辞里降低他的道德标准,用某些荣耀的目标取而代之,以便召集起他的军队)。他们的力量之所以强大,是因为他们有胜过他人的思考能力和商议能力,以及从蛮夷的领土上提供军队的能力(比如,伊

---

① 《泛雅典娜节演说辞》,11—14。

索克拉底坚持认为战役可以在蛮夷的势力范围内进行)。① 最重要的是,他们声称他们只是在和一群蛮族作斗争,但事实上,他们是在为了希腊性(Greekness)本身而与野蛮性(Barbarism)本身作斗争。

我们必须记住,当伊索克拉底不说"大帝"(Great King)而说"蛮夷"的时候,他指的是那些未开化的人,指的是人与他人身上以及自己身上的兽性所作的永恒斗争。在很大程度上,做一个希腊人意味着参与伊索克拉底自己所实践的那类技艺。② 这段文字赞赏了阿伽门农保护希腊免遭野蛮化(barbarization)的伟大成就。伊索克拉底在《泛雅典娜节演说辞》中批评斯巴达人的是,他们破坏了代表上述抗争的人的城邦。他对斯巴达人的主要惋惜之处在于,他们不是扶植文艺的人。③ 伊索克拉底笔下的阿伽门农是一个为了文化而拯救希腊的人,而伊索克拉底也将自己表现为阿伽门农的同路人,虽然是在不同的领域。伊索克拉底的战役不是通过军队,而是通过心智(minds)。通过在言辞上说他希望征讨大帝,伊索克拉底吸引了许多人前来阅读他并和他一起学习,[113]然而此举的实际结果是培养出了一大批政治家和哲人,他们筑成了抵挡希腊世界日益高涨的野蛮化大潮——一个与文明共生共存的外

---

① [中译者注]括号内部分原文作:e. g. Isocrates's insistence the the campaign could be fought on the substance of the Barbarians。前一个 the 似为 that 之误。

② 《泛雅典娜节演说辞》,163;《泛希腊集会辞》,47-50;《论财产交换》,293-294。

③ 《泛雅典娜节演说辞》,45-46,208-209。

部危险也是内部危险(external and internal danger)——的坚不可摧的围墙。如果一个人抱着这样的反思来解读这段话,他几乎不可能看不到这段话是对伊索克拉底多么完美的描述。我们不久就会看到,《泛雅典娜节演说辞》的目标和这样一种解读多么一致。只有用这样崇高的政治词汇,他才能构想他的非政治活动。伊索克拉底是司令官,统率着一支旨在保护人性免遭野蛮颠覆的伟大军队。伊索克拉底有可能无需实际军队进入那片蛮夷之地就取得成功。关键点不在于某个希腊人应该取代阿尔塔薛西斯一世(Ataxerxes)的位置,而在于文明应该存在。至少这一点是可争辩的:是否柏拉图、亚里士多德和伊索克拉底在保护我们人性这方面做的,不及亚历山大和罗马的所有丰功伟绩?

伊索克拉底说,他的演说辞能把学生吸引到他身边,是由于这些演说辞很宏大,因为这让他们觉得作者似乎非常有智慧。他并未声称自己拥有一套教授美德的方案,而是声称某些激情的存在能够导致德性的产生。① 这三种激情是抱负(ambition)、对劝说的爱(love of persuasion)以及想比别人得到更多的欲望(desire to have more than others),即贪婪。当一个学生有了这三种动机,伊索克拉底就能用工具改良他们的品性,并让他们做出一些成就来。我们首先要注意到的是,这一名单上所列的激情,[114]跟伊索克拉底在《论财产交换》中给出的人为何犯错的那些仅有的理由差不多是

---

① 《论财产交换》,274-275;另参《驳智术师》,21。伊索克拉底教授政治话语的目的不是让人能言善辩,而是把政治话语视作教导德性的一个手段。

一样的。① 这些是促使人行动的驱动力,而伊索克拉底能利用这些激情,让人转向更高的目标。这样我们就很容易理解,为什么伊索克拉底在《泛希腊集会辞》和《致腓力辞》里要那样写。他诉诸了这些事实上非常卑下但有可能发生转变的激情。富有激情的领袖是那种首先被政治抱负所吸引的人。正是因为这个原因,伊索克拉底在说到哲学时所用的词汇,和他在展现一个学生如何说到僭政时用的词汇几乎相同。② 我们可以适时地回想起亚里士多德在《政治学》里对罪行(crimes)发表的看法,他说,要想不犯罪但又完全满足自身,只有一条路,那就是哲学。③ 按照这种观点,僭主类型的人倾向于某种"如果正确理解那就会是哲学"的东西。在《论和平》中,伊索克拉底试图证明,贪婪会在正义和虔敬中被发现——一个完全政治性的观点。然而在《论财产交换》中,他放弃了这一尝试,并将贪婪与哲学在本质上等同起来。④

年轻人被伊索克拉底的声望所折服,那是他们前来的原因。他们想要说服别人,想要被人赞赏从而出人头地。伊索克拉底是一个受人钦佩的人,他可以和那些最伟大的人平等交谈。他甚至表现得好像是最重要的政治事务上的领袖。跟着这样一个人学

---

① 《论财产交换》,217。

② 《泛雅典娜节演说辞》,244;《论财产交换》,246。《埃瓦戈拉斯》将僭政称为可能的人类之善中最高的善并明显迎合僭主口味,该对话以声称它会将人引向哲学收尾(见40和73-77)。

③ 《政治学》,1267a11-12。

④ 《论财产交换》,282 直到结束。伊索克拉底说,事实上贪婪是正义,而正义的事业其实是他的学生们所追逐的事业。

习,他们完全可以希望自己做得更好,[115]尤其是当他们有了直接参政的打算之后。这些都是高贵但未必具有德性的年轻灵魂。他们是可得的最好的原材料。他们在学习过程中很快会意识到,为了成为真正伟大的人,他们必须提出最具人道精神同时又具最大规模的政治计划。他们会研究伟人,并意识到在这些伟人丰功伟绩的背后,总是存在着一种道德品性,他们得拒斥那种可鄙的辉煌(grandeur)概念。他们都不会想要成为自己城邦中受人憎恨的僭主或者单纯的民众煽动家。没有一个想要获得名声和他人认可的人会满足于阿伽托克勒斯(Agathocles)或克里提阿(Critias)——一旦他听说了居鲁士和摩西(Moses)之后。他们的想象力会为他们打开人类潜能的视野——他们会想起忒修斯和赫拉克勒斯。他们会抛弃他们之前的观念,那些由他们的同代人所产生的观念,视之为粗俗的和幼稚的。要想真正拥有那个他们想要的东西,他们必须成为人类的施惠者。① 也许,他们当中的一些人会开始赞赏让他们的伟大模范们成名的德性本身。而最终,也许一些人会开始愈发赞赏已经理解了这些事物的科学,并且满足于过伊索克拉底那样的生活。

除了一开始吸引学生之外,老师在这一过程中的角色是照看学生,向他们展示那些将被使用的形式(forms),以及从总体上指导他们的学习。他还要写演说辞,作为最佳体例的范本。② [116]而在这里,我们会发现伊索克拉底式演说(Isocratic orations)之所以存

---

① 《论财产交换》,276-280。
② 《驳斥智术师》,16-18;《论财产交换》,183-195。

在的一个最严肃的理由:它们是供人学习和模仿的范本。要证明这一点,我们只需要看看在所有演说中伊索克拉底如何以惊人的频次提到他自己,描述他在做什么、怎么做的以及为什么要这么做。有多少演说辞是以对伊索克拉底的讨论开始和结束的?并且我们之前已经说过,这些插曲经常有一股学院气(academic air)。它们是学院性的!正因为如此,那些演说辞有时看起来那么不切实际,那么笼统,那么缺乏具体的事实。如果一个学生读了《战神山议事会辞》,他会学到许多东西:如何与雅典人说话;雅典人到底有什么问题;好的政治生活的基础是什么。这篇演说可以说是一堂政治理论课。学生在上完这堂课后会收获一些用来指导实践活动的标准,但他还未学到究竟应该做出什么样的实践行为,因为这些东西会随着实际情况而改变。从演说辞学到了上述东西之后,学生得想着去看穿这篇演说背后的意图,并同时学会那些与人对话的技巧。相似地,在阅读《埃瓦戈拉斯》时,我们学到了人要想出名必须去做什么。我相信,基于这样一条解读路径,在伊索克拉底的作品中,没有哪一篇演说是不能变得更容易理解的。这些演说之所以抽象,是因为它们的政治性只是第二位的;它们要影响的是那些将要去影响政治的人。

伊索克拉底的演说辞具有吸引学生并教育他们的作用。作为一个整体,它们全面地阐明了政治问题及其微妙之处。我们能从这些演说辞中学到东西,但不是那种从德摩斯梯尼那里学到的东西。如果要从他的演说中提取一种教条(doctrine),[117]其结果将会是某种像亚里士多德的《政治学》或者西塞罗的《法律篇》的东西,而不是对公元前4世纪现实状况的陈述。正是因为人们忽视了这一点,才导致伊索克拉底一直以来倍受误解和忽略。当一个像卢梭这样的人引用伊索克拉底时,他是在我们所定义的意义上去理解他的,但当今时代的我们却拼命寻找着伊索克拉底那里没有的东西,而不去寻找他那里有的东西。伊索克拉底作为一个评论家或新闻工作者显然完全不达标,但作为一个研究政治事物的理论家,他却极为深刻。

泛希腊主义如何契合于这一解读也相当明显。即使是《致腓力辞》,也至少部分是讲给他的学生们听的。它教导学生伟大政治行为的必要条件是什么,并向他们展示该如何对僭主和君主们说话。伊索克拉底注定是被钦佩和嫉妒的对象,因为他能和伟大的腓力平等地谈话,并告诉后者该如何行事。在这方面,《泛希腊集会辞》已经得到了充分的讨论。《泛希腊集会辞》的成功是修辞意义上的成功,而伊索克拉底似乎也这么看它。它为伊索克拉底树立了名声,带去了学生,还教导了一些关于人类自然本性的东西。

四

泛希腊主义和哲学之间的关系,可以最为清楚地从伊索克拉底所处理的雅典和斯巴达这一古典二分的发展中看到。在希腊,雅典和斯巴达是死对头,伊索克拉底的很多思想都围绕着这两个卓越城邦间的差异展开。他小心地处理着这个主题,[118]因为他是雅典公民,他的审慎要求他在表述观点时要非常小心。但与此同时,他也是一个严肃的思想家,而真理不分国界,因此他选择以某种方式来呈现他对这一问题的看法,使它们只会对那些经过了深思熟虑的聪明读者显现。不幸的是,通常所理解的斯巴达与雅典的冲突在现代已经变得模糊,因而掩盖了伊索克拉底观点的前沿性。在过去的两个世纪里,由于民主政治理论和实践的发展,对这些城邦的重估也在循序渐进地进行。雅典的股指位于高位,因为我们在她身上看到了我们极为珍视的自由的萌芽。而斯巴达的名声相应地就非常低,因为她代表了一种反动的生活方式。斯巴达在古代所享有的美誉不再被人理解,而她也仅仅被解读为一个必须加以研究的大国——这是因为她所扮演的历史角色——而非一种政治生活的标准。斯巴达甚至已经被拿来和纳粹德国相提并论。与此相反,从古典时代开始直到 18 世纪,斯巴达都被看作政治制度的杰出典范,至少可以和罗马平起平坐——珀律比俄斯(Polybius)在他的著名阐述中提出了这一命题。① 另一方面,雅典则从未被当作什么政治典范,在这个基础上也从未收到过任何正经的赞美。这种比较性的评价在政治思想史中几乎是被普遍接受的。卢梭对斯巴达人的评价散见于他的所有著作,而在《就戏剧演说问题致达朗贝尔的信》(Lettre sur les Spectacles)中,佐证这一论点的证据尤其充足。要理解这一评价,我们需要在历史还原上做出巨大的努力,[119]而如果不做这样的努力,我们就会有误解的风险——不仅仅是误解伊索克拉底,还会误解整个古代的视角。

可敬的贝尔(Pierre Bayle)以他无可企及的清晰性这样陈述古代的情况:

---

① [中译者注]关于珀律比俄斯对斯巴达政制与罗马政制的比较,见其《罗马兴志》(histories),6.48-52。

我们在另一个地方已经看到,霍布斯为了激起英国人对共和政府的厌恶而着手翻译了修昔底德。这个点子并不差。但他本可以做得更好,如果他去写一部关于雅典内政的书的话……我们应该明白,那一如此夸耀她的自由的民族(peuple)事实上是一小部分人的奴隶——这一小部分人被他们称作民众煽动家。这些民众煽动家一会儿把他们领向这边,一会儿把他们领向那边,全然跟随他们自身激情的摇摆。①

在解读的第一个层面上,伊索克拉底对雅典毫无疑问持有和贝尔相同的看法,并且相应地对斯巴达抱有较高的评价。② 这部作品第一部分的章节试图展现他对好公民以及最好的生活方式的看法。斯巴达人的生活遵照着这些方式,七百多年来,他们不曾变更过法律,也不曾爆发过革命。斯巴达人维护他们的传统,团结一心,并操练着他们的公民德性和军事德性。在所有这些方面,雅典都恰恰相反。在她那短暂的鼎盛时代,所有后来导致她走向衰败的种子就已被种下。当伊索克拉底对着雅典人说话时,他以一种防御性的方式(defensive way)——这是他用来呈现自身的方式——把这一切表现得非常清楚。当他通过《阿基达摩斯》将我们送到斯巴达时,我们看到了一个严肃地思考其自身事务的政治制度。在那里,没有民众煽动家;在那里,年轻人尊敬他们的长辈,人民虔敬,并且共同善是所有公民最高的目标。[120]总之,这是一个未被败坏的城邦。我不相信伊索克拉底在任何一篇严格意义上

---

① 《历史批判辞典》(*Dictionnaire*),2252b。
② 《战神山议事会辞》,61;另参《布希里斯》,17。

的政治演说或非泛希腊主义演说中严肃地批评过斯巴达。他之所以常常不直接提斯巴达,是因为害怕落下一个亲斯巴达的罪名。他批评斯巴达的外交政策,但他从不敢在任何演说辞——除了《泛雅典娜节演说辞》——中攻击斯巴达的政治制度。而他经常将斯巴达的制度用作标准,这其实正是对斯巴达政制的无声赞美。另外,他是否真的相信所谓的祖传政制出自雅典,这点相当可疑,因为他会随时改变对祖传政制的叙述,只要那一改变有利于他。所谓祖传政制真的属于雅典这一事实,那是他在批评雅典时对他忠诚的担保。如果全身心地接受祖国宪法的那些原则是衡量一个人忠诚与否的标准,那么,伊索克拉底肯定不是一个雅典的好公民。

斯巴达是最好的城邦,但当伊索克拉底讨论外交政策或外交事务时,他的判断就完全改变了。《泛希腊集会辞》在不讨论内政、不讨论对城邦而言的最好的生活方式的情况下比较了斯巴达和雅典。他仅仅研究这两个城邦对希腊做过的贡献。这个问题有点类似于我们之前看到的作为整个泛希腊主义计划原因的那些问题。外交事务,或者外交政策已经成了城邦政治制度改变的原因,为了保护城邦,它已经使某种对城邦的超越成了必要。而当伊索克拉底进入这一政治讨论领域时,雅典在他看来并无敌手。[121]斯巴达人之前所做的似乎都只是为了他们自己,而雅典人则在温暖而慷慨的行为上一直十分出众。依照伊索克拉底的说法,雅典人对内恶而对外善(internally evil and externally good)。雅典的才能涵盖了人类行为所有可能的领域,并且她已经证明了她自己是希腊主义最好的捍卫者。即使伊索克拉底并不完全相信他自己在《泛希腊集会辞》中对雅典人的描述,情况也无甚差别。重要的是,伊索克拉底的描述方式不停地向我们展现着一种存在于雅典和斯巴达之间的张力,这种张力超越了单纯的政治对峙:斯巴达代表了好的政治生活和对邻邦行恶,而雅典代表了坏的政治生活和对邻邦行善。这一张力对我们理解伊索克拉底眼中的政治的自然本性相当具有启发性。而研究这一张力最好的文本是《泛雅典娜节演说辞》,因为这是伊索克拉底唯一一篇同时从对内政策和对外政策两方面讨论雅典与斯巴达的演说辞。

《泛雅典娜节演说辞》旨在赞美雅典而批判斯巴达。然而,读者会发现里面很难找到对雅典的赞美,而斯巴达人则受到了恶意攻击。演说以对伊索克拉底和他的信仰的冗长讨论开篇。然后伊索克拉底转向赞美雅典,他讲述了她非常古老的善举,古老到超出了历史记忆的范围。就所有有历史可信度的故事而言,伊索克拉底使用的技巧是对比,即将斯巴达和雅典做对比。演说的绝大部分内容都在致力于证明雅典做的坏事比斯巴达少,而这很难说是一种赞美。[122]如果说雅典人摧毁了米洛斯,那斯巴达人还创造出了十寡头统治(decarchies)呢,诸如此类。① 这种方式默认了那些针对雅典的指控,而其结果是对雅典毁灭性的批判。如果说雅典和斯巴达有什么不同,那么不同仅仅在于作恶的多少,而伊索克拉底也承认,自从波斯战争之后,这两个城邦就已成为希腊人的最大祸患。雅典那神话般的过去是展现她荣光的唯一安全的领域。《泛雅典娜节演说辞》之所以是《泛希腊集会辞》的续篇,是因为它表明了,虽然斯巴达在外交关系中只会为其私利而行动,但雅典有一个

---

① 《泛雅典娜节演说辞》,53-73,95-101,156-113。

多世纪也这么做,因此这两个城邦其实半斤八两。甚至,那构成《泛希腊集会辞》核心的波斯战争也受到了反对,因为雅典的成功导致了帝国的产生和政治制度的瓦解。雅典人究竟在什么意义上优于斯巴达人,真的非常难讲——除了就神话故事($μῦϑοι$)而言。①

内政的问题,即政治制度的问题,在没有任何由头的情况下被引入了讨论。② 伊索克拉底认定,[123]其他人,那些斯巴达的拥护者,一定会提出这一问题,所以他也必须引入它。他并不试图为既存政制辩护,而是赞扬了祖传政制。论述中,祖传政制由忒修斯创造,而终结于梭伦和庇西斯特拉图斯(Pisistratus)的时代;但在《战神山议事会辞》里,梭伦才是祖传政制的创造者。因此,这个故事不在任何历史可证的范围之内,而是属于一个仅仅存在于言辞而非现实中的完美时代。③ 现在,伊索克拉底承认这

---

① 事实上,我们若注意到这个事实,就会非常惊奇:雅典在波斯战争之后就再也没有被伊索克拉底在他的任何作品中赞美过,而唯一一篇略微欣赏雅典的演说是《泛希腊集会辞》。伊索克拉底在《泛雅典娜节演说辞》的末尾说,他为他曾经对斯巴达人的评价感到痛苦,却为自己曾经对雅典的评价感到欣慰(231-232)。在那个学生看来,这篇演说对众人而言是对雅典的赞美,对智慧者而言则是对斯巴达的赞美。最终,《海伦颂》的引言坚称辩护不是赞美,它们的形式是不同的。如果这是对的话,那么《泛雅典娜节演说辞》就不可能是一篇赞美雅典的演说辞,因为它承认了雅典所做的错事,而赞美是关于无可责备的东西的。

② 《泛雅典娜节演说辞》,108以下。

③ 《泛雅典娜节演说辞》,150:"如果我必须要有逻辑地提供论证的话,我能够向所有人表明,所有人都能通过他们听见的内容来获取比他们看见的更多的知识,比起那些亲眼目睹的人,通过别人来了解这些事迹的人要更多,也了解得更清楚。"[译按]译文采用冯金朋主编,《古希腊演说词全集

些制度和斯巴达人实际使用的那些制度其实是相同的,虽然他否认创造这些制度的是吕库古。吕库古仅仅是复制了雅典人的制度。② 这一承认的实际影响显而易见:斯巴达有一个好的政治制度,雅典没有。到目前为止,我们已经看到雅典和斯巴达都在对邻邦作恶,但斯巴达从中获益更多,因为斯巴达保持着她的内部平衡并拥有最好的制度。于是我们似乎可以得出结论:斯巴达最终还是要优于雅典。从某个完全政治的层面上说,这是对的。但问题远没有那么简单。

伊索克拉底对斯巴达最直接的批评是,斯巴达人对他们自己很好而对他们的敌人很坏。这完全是一个传统上的批评,但伊索克拉底用了非常不传统的表达方式——这种方式质疑了整个政治生活和道德的地位。

> [124]……从已经发生的事件中汲取了教训:尽管依照法律,城邦和领土似乎属于那些正当合法获得它们的人,但事实上,它们落入了那些战争技艺最为娴熟并能在战场上击败敌人的人之手。考虑到此种事实,他们忽视了农业、文艺以及其他所有东西,不断地围攻一个又一个伯罗奔半岛的城邦……③

从这段论述来看,斯巴达人对现实的本质有着深刻的洞见。他们知道财产的所有权完全是习俗性的,且人们能通过打破传统

伊索克拉底卷》,李永斌译注,长春:吉林出版集团有限责任公司,2015。

② 《泛雅典娜节演说辞》,150。

③ 《泛雅典娜节演说辞》,46。

的道德规则来得到满足。通常处理这一问题的方式是说,他们尽管以这种方式得到了一些好处,但长远地看必然会得不偿失;或者说他们的灵魂会受到煎熬,再不就是说诸神会惩罚他们。但伊索克拉底在这段文字中却采取了非常接近于传统立场的态度。公认的道德不过是表象,事实上获利的都是强者。正义是弱者的利益。至于诸神,伊索克拉底承认他们也犯罪。① 这就是说,诸神也不支持道德,并不存在一种神圣的东西能够保障正义行为的善。这种观点在《论和平》与《泛希腊集会辞》中是无法想象的,因为在那两篇演说辞里,伊索克拉底毫不迟疑地接受了君子们的道德立场——他们相信有一种神圣的东西保障着他们对人和行为所作的判断。关于斯巴达政制的建立的故事也完全遵照同一标准。②
[125]斯巴达人消灭了他们所入侵土地上的原住民,掠夺了他们的土地,然后用所能想到的最残酷的方法奴役了那些较穷的阶层,以便建立起他们有名的团结一致。接着,他们实施了完全军事化的政策,这一政策是造成"战败者损失惨重,而战胜者获益良多"的源头。③ 这样,最好的政治秩序,即那种为伊索克拉底如此称道的城邦,就建立了起来。

斯巴达人的目标是得到更多($\pi\lambda\varepsilon o\nu\varepsilon\xi i\alpha$),而他们似乎已经做到了。在他们自己人之间,斯巴达人过着一种正义的生活,但当我们考虑到他们和外邦人的关系时,他们正义的本质就会被蒙上一

---

① 《泛雅典娜节演说辞》,64。这一表述在和腓力的谈话中不断被重复,而这完全可以理解(《致腓力书一》,16)。

② 《泛雅典娜节演说辞》,177–181。

③ 《泛雅典娜节演说辞》,183。

层厚厚的阴影。斯巴达人的政治制度,他们的团结,和一伙儿强盗的团结究竟有什么差别?① 城邦正义难道不是一种集体自我中心主义(collective egotism)的表达吗?不义难道不是在建立任何好城邦的过程中必然相随的一个因素吗?所有这一切都重提了那个关于城邦自然性的问题——对这个问题我们已经想当然地加以理解很久了。城邦究竟是和自然相一致的东西,还是主要通过人力从自然不义(natural injustice)的森林里开垦出的一片空地?这一对斯巴达的描述所产生的后果,似乎将我们领向了马基雅维利的结论,即公民生活暗含着不义,并且人与人之间天然存在着冲突。在斗争中,最聪明的是那些得到最多的人,而他们也过着最令人满意的生活。这正是伊索克拉底那个极为出色的学生从《泛雅典娜节演说辞》中得出的结论,该结论将强者的权利(the right of the stronger)推荐为最好的生活方式。[126]忒拉叙马霍斯在柏拉图的《理想国》中的那番论述是对此观点的经典表述(locus classicus)。伊索克拉底并没有好心到告诉我们那个学生是否正确地理解了他演说辞的意图。②

因此,我们必须试图通过伊索克拉底给我们的暗示,自行回应那一问题。他对斯巴达的批评让我们明白,如果我们对那个政治问题的回答仅仅停留在斯巴达的层面,那么我们就没有任何充分理由要求尊重人,也没有任何充分理由要求他们恪守正义的标准。现实中的希腊城邦无法满足人们对正义的寻求。通过这些城邦的

---

① 《泛雅典娜节演说辞》,225-227。另参《论和平》,50。
② 《泛雅典娜节演说辞》,265。

行为,人们也完全看不出城邦是一种自然就好(naturally good)的生活方式,比那种想要通过僭政利用城邦的人的生活方式,或者那种认为公民社会是对其快乐的非自然约束而尽可能回避它,从而活在公民社会边缘的人的生活方式更可取。伊索克拉底对这个问题给出了两种可能的解决方法。第一种是假设公民社会有一个完美的开端,那些城邦后来之所以变得越来越堕落,是因为人的邪恶。[①]如果真的有诸神,那么诸神必定是那些最好的生活方式的创造者。他们给了人最好的生活方式,但并没有将斯巴达建立时所需的那种不义给予人。如果存在着一个黄金时代,那么它就能作为证据证明人在正义上的完满(the perfection of man in justice)是自然的,并且一个好的城邦是永远可能的。相应地,伊索克拉底谴责了他学生的不虔敬,[127]即未认识到诸神的首要性,而他在呈现《泛雅典娜节演说辞》时所用的正是这一策略。他是一个非常非常老的人,是祖传传统(ancestral tradition)的象征。他证明了古老过去以及那些生活在古老过去的人的极度的善。雅典人是土著(autochthonous),这意味着他们不需要不义地侵占那片他们居住的土地。他们的政治制度是忒修斯这位神之子——他温和地带领雅典人走向民主而没有奴役任何一个公民——所创造的。雅典人强大而可靠,因而有能力使所有人受益。在这样的情况下,谁也不能像批评斯巴达那样批评雅典。这是一种完美的公民生活,因为不存在矛盾,也不需要为了获得更多而付出损害他人的代价。伊索克拉底在创造这样一个"理想"城邦,一个由于所有现存城邦都不令人满

[①] 《泛雅典娜节演说辞》,203-207。

意而被创造出来作为正义样板的城邦的过程中,遵循着那一希腊传统。从本质上说,它是一个存在于言辞中而非现实中的城邦,而这引出了伊索克拉底提出的第二种解决方法。那些最好的生活方式必然是聪明人通过文艺和技艺的进步而发现的。① 斯巴达人只操练身体的技艺。不管什么时候,他们过得都像一个军事训练营。他们比蛮夷更缺乏教化,并且他们有意识地拒斥所有知性的成就。如果人不可能不操练灵魂而过得好,那么斯巴达人就无法代表那种最好的生活方式,并且哲人们的城邦必定会比斯巴达人的城邦更为可取。正是在这里,[128]我们又发现了一条线索,它能够帮助我们理解为什么雅典明明在政治上没什么可推崇的,可伊索克拉底却在雅典和斯巴达的替代选择中继续保留了那一雅典元素。对雅典的真正赞美是,她是文艺之母,正是在雅典,哲学找到了她的家。

> 因为你们,你们自己,比这个世界上的其他人都要杰出和卓越,这种杰出和卓越不是表现在战争事务的处理上,也不是因为你们管理自己管理得最好,或是因为你们最虔敬地保留了祖先传下来的法律,而是表现在那些使人类超过其他动物,以及使希腊民族超过蛮夷的品质上,即,你们在智慧和言辞上受到了比别人更好的教育。②

值得注意的是,以上两种解决方法是相冲突的。那个好的旧城邦(old city)建立在不变的、先于哲学而存在的祖传传统之上,而

---

① 《泛雅典娜节演说辞》,208-210。
② 《论财产交换》,293-294。

哲学则有赖于不断的创新、改变和进步。①

传统具有权威性,它代表着个体对整个共同体的过去的顺服。它建立在共识之上,不允许理性任何的拷问。吕库古为斯巴达立了法,后来的每一代人都将他的制度看作神圣的真理。哲学则不知道什么权威,也不接受任何既定的传统。哲人并不会认为吕库古有什么过人的智慧:[129]规定或许标志着一种信仰的社会效力,但并不能证明其自身的真实性。哲人是个体,他的理性不会在城邦的种种意见面前卑躬屈膝。他寻求的真理也许只被一小部分人所拥有,并且很可能与时代所接受的意见以及公民大会上的呼声背道而驰。传统是启示(revelation)在政治上的对应物,而哲人对它的接受程度并不比对启示来得多。传统是这个城邦此时此地的传统,哲学却属于任何时代的任何人,它只对它自己忠诚。传统尤其适合这个城邦,并有助于维护这个城邦的生活方式;而哲学是普遍的,并且正因为它是普遍的,所以它不关心维护这个或那个城邦。哲人本质上是孤僻的、离群索居的。作为哲人的他不像公民关心城邦那样关心他的城邦。公民身份和哲学似乎起源于人身上两个异质的部分,一个与他对社会的需要有关,另一个与他对真理的激情有关。城邦本质上代表了对肉体需

---

① "我们赞美最古老的法律和最新的言辞(logoi)。"(《论财产交换》,82)《埃瓦戈拉斯》赞扬了发生在技艺上的改变和勇于改变的胆量(《埃瓦戈拉斯》,7),而所有的政治演说都赞扬法律和传统的持久性和稳定性。这解释了泛希腊主义演说——从特征上说它们是哲学性的——所表现出的乐观性和朝前看的品性,也解释了那些将过去视作最好的政治演说所表现出的克制。

要的满足,而哲学则代表了对灵魂需要的满足。① 有一个事实很好地说明了这一问题,即哲学总在败坏的城邦里兴盛——因为在败坏的城邦里,权威已经衰落,哲人不仅可以做自己喜欢做的事,而且只需最低限度地履行他们的公民责任,而在斯巴达,伊索克拉底根本不会有时间去做他过去做的那种事。[130]那种好的、畏惧法律的公民是相当不同于哲人的一种人;阿里斯提德与苏格拉底的对比可以证明这一点。他们都是了不起的人类类型,但我们很难将他们归到一起。

  对大多数人来说,斯巴达是更为优越的生活方式,但正如我们已经看到的,它的存在暗含着不义,而当聪明人知道了这一点,他们就不可能再一心一意地忠于他们的城邦。按照伊索克拉底的理解,哲学有这一优势:它独自就能为政治生活正名——通过重建城邦的原初正义。虽然忒修斯在他的行动中理解了政治制度的含义,但只有伊索克拉底在他的言辞中理解了它,也只有伊索克拉底能够将它言说出来。② 早前那些单纯的时代缺少对正义的合理理解,它需要经历人和人的败坏才能发展出哲学。早前那些时代本来完全会是更可取的——如果在它们之中也存在着哲学的话。但可惜并不存在。雅典和她那饱经风霜的历史还有待遇到伊索克拉底。说到底,伊索克拉底为雅典所作的辩护,以及他那关于雅典原

---

  ① 斯巴达人的军事训练从特征上说完全是身体性的。伊索克拉底总是将灵魂看得高于身体,并相应地将哲学看得高于健身(《论财产交换》,180-181)。另参《致米提林的统治者》,5。

  ② 《泛雅典娜节演说辞》,138。对政治生活的理解同时包含了对它的复兴,这意味着伊索克拉底的存在。

初正义的故事,都是他自己的发明创造。希腊人与蛮夷之间的真正差异体现在人性和哲学上,如果没有这一特异性的差异,他们之间的战争就会失去其更高的重要性。

但与此同时,政治生活又必须得到保护。哲学对政治生活的批判绝对不能破坏政治生活本身。政治生活的价值可以由所有的人类需求得到证明,[131]而斯巴达人生活的那种无可否认的——虽然不是无条件的——高贵也证明了城邦对人的重要性。因此,在《泛雅典娜节演说辞》中,伊索克拉底将自己呈现为政治生活的守护者。他表明,斯巴达所代表的那种恶并非必然伴随着政治。作为守护者,伊索克拉底还必须将自己表现为一个改革者,因为既存的城邦都不够好。他毕生的事业是将雅典和斯巴达合二为一。《战神山议事会辞》将斯巴达宪法带到了雅典,而《阿基达摩斯》则向我们展示了在一个受过雅典教育的君主的统治下,斯巴达会变成什么样。

让我们重新开始:伊索克拉底的思想以一组永恒的二律背反(antinomy)为特征——哲学的需要和城邦的需要。这一点清楚无误地体现在雅典和斯巴达的关系之中,体现在《战神山议事会辞》与《论和平》这样的演说辞的关系中,体现在《泛希腊集会辞》和《泛雅典娜节演说辞》一类的演说辞中。这两极是必要的,但它们并不总是互补。后一点可以从一个事实中看出,即我们常常在那些最败坏的城邦里发现哲学。从根本上说,哲学只是一小部分人的活动。只有在牵涉到城邦间的外交关系,牵涉到那一与邻邦保持真正正义关系的巨大困难时,哲人——区别于立法者——才不可避免地被需要。我们注意到,这也正是泛希腊主义思想诞生的地方。泛希腊主义至少是对"如何正义地对待邻邦"这一问题的不完全回应。实现普遍正义的理想办法是建立一个世界城邦,因为这样,同一规则就能适用于所有人。但由于城邦无法在不摧毁自身的情况下过分扩张自己,所以,一个由不同的城邦所组成的、有着共同的激励目标的联邦(a federation of poleis)能够接近这一正义的理型(ideal)。[132]与此同时,贪婪——这是那个学生眼中人唯一的动机——也能够在不造成道德混乱(moral chaos)的情况下得到满足。① 这是一种哲学式解决政治问题的方法:它将雅典的文化和世界主义与斯巴达人那种好的政治生活结合到了一起。我们能够理解,当柏拉图在《理想国》里敦促希腊人要像对待兄弟那样对待彼此,而要像蛮夷过去对待彼此那样对待蛮夷时,他也怀着完全相同的目标。② 这样一个解决方法既满足了城邦间的正义需要,又满足了人天生的好斗,或者说人天生的邪恶。然而,它还不能完全令人满意,因为它意味着对蛮夷的亏待(mistreating)——有些蛮夷或许并非天生的奴隶,他们可能有能力管好自己并能发明技艺。③ 柏拉图在针对蛮夷的战争问题上表明自己的立场之后,立即转而讨论起了哲人王(philosopher-kings)以及政治生活在他们身上的完美实现。

伊索克拉底在向我们表明"满足贪婪唯一正确的方式就是去做哲学"的过程中也做了类似的事。正因为如此,他在演说中采

---

① 考虑《泛希腊集会辞》,183-184。
② 《理想国》,471c。
③ 《尼科克勒斯或塞浦路斯人》,24;《泛雅典娜节演说辞》,209。

用了双重道德标准。那种表现在城邦间关系中的低级道德(lower morality)如果推至极端将会导致哲学研究;而哲学反过来也能回到好城邦的正义,并为其提供一个坚实的基础。只有哲学才是真正普遍的、一般的,而与此同时,即使是具体的城邦,也需要那些从多少更广意义上理解问题的人做他们的立法者和君主。[133]那些泛希腊主义演说无形之中让政治家拥有了更广阔的抱负,并且让一些政治家意识到,如果他们对事物的认识能和伊索克拉底相似,那么他们心中的理型和抱负就能得到最大限度的满足。伊索克拉底的学园既会培养政治家也会培养哲人。因此,泛希腊主义演说的广度、诚恳度,以及它的一般性,都旨在唤起那些能激发人们去干一番政治伟业和做哲学研究的动机。它们所产生的影响远非这一或那一反对蛮夷的希腊战争计划所能企及。它们代表了心智在所有人类事务中的重要性——这是一个常常被城邦忽视的明显的事实。我们无法确切地知道,伊索克拉底是否希望他的计划能在他那个时代产生实际影响;他是一个非常明智的人,他从未想当然地认为,我们可以相信权力会明智地使用其自身。如果有人表现出拥护他的想法,他毫无疑问会感到高兴,但对他来说,最重要的事还是让文化之火生生不息。

伊索克拉底似乎从未觉得他的泛希腊主义思想是一个失败的东西;他关心的对象似乎就是他的哲学。纵观伊索克拉底的一生——直到他最后的那篇演说——他所担忧的似乎一直是他的哲学被误解。泛希腊主义只是手段,为要保护比任何征战或城邦都远为重要的东西,这种东西就是雅典才有的那种程度的人性(that level of humanity),它比任何城邦荣耀或任何政治计划的成功都更有价值。[134]如果从伊索克拉底的学园中能走出一些明智的政治家,那么他将非常满意于他对城邦所作的贡献。他不是什么救世主,因而不会指望政治现实在一夜之间发生改变。因此,针对蛮夷的战争仅仅是第二位的。这是一个暂时接受了政治的那些假定的非政治人所提出的好建议之一。但对他来说,最重要的是让希腊文化在他的学园里生生不息,通过他的演说,一些人也许会被哲学吸引,而其余的人也许会正确看待他的教导。这才是真正的泛希腊主义,即守护文明、抵制野蛮。城邦事务总会有进步的空间——只要伊索克拉底精神上的子孙依然健在。

第三章　修辞术与哲学

一

[135]对伊索克拉底政治思想的分析，不可避免地将我们带离政治领域而进入其哲学思考中那些更不为人所知的领域。即使他最简单的演说，也拒绝被还原成单纯的现实政治词汇。读者经常不得不提出一些通常在政治演说中不会提出的问题。他的建议总是那么深远，以至于它们提出了政治理论中那些最根本的问题，却又从来不考虑它们的现实性(practicability)。伊索克拉底的作品悬在日常政治与学术研究之间，而正是由于这一危险的平衡，解读者才会在解读过程中遇到一个在解读德摩斯梯尼和埃斯基涅斯(Aeschines)的演说时完全不存在的问题。从人类社会出现到我们自己的时代，并且或许只要人类还存在，就会需要协商，需要组织起一个公民大会，以便讨论最重要的公共事务并在城邦中行使主权。领会一个伟大政治家那些机智而优雅的措辞的意图只需要最简单的常识。不管说话的是伯里克勒斯还是丘吉尔，政治演说这个概念对我们和对古希腊人来说都同样清楚。但任何人若试图按照这种方式去解读《泛雅典娜节演说辞》，[136]都会发现自己面临重重

困难——一个例证是,许多现代读者都已经把伊索克拉底降格为一个新闻工作者(journalist)。这个称呼或许能起到区分他与其他雅典演说者(他们都是政治家或律师)的作用,但它几乎不能说明任何问题。先不说在思考上伊索克拉底显然要比任何一个已知的新闻工作者更深刻、更全面,他的演说也不具有记者报道的那种现实感;另外,认为在古代存在一种可以和现代新闻工作者相提并论的人,这也是个荒唐的想法。新闻业和某些晚近出现的概念有关,这些概念都跟散播知识、使知识通俗化、提升公意地位有关,但它们并不为我们的古希腊先人所有。政治行动总被认为是在公民大会和议事会的那些政治机制下,以及通过私下影响那些最有权力的人而稳步进行的。正是这一自然倾向,这一用我们最熟悉的现象反过来去理解历史的自然倾向,最有可能掩盖那些最难理解的隐秘差异。

我们必须直面这个问题:为什么伊索克拉底要书写政治话语(politikoi logoi)?只有当我们能切实地回答这个问题时,我们才能最终讲出那些话语的意图。伊索克拉底希望通过他的演说完成什么?为什么他所追求的那种研究是真正有教养的人最需要的研究?

也许我们可以说,伊索克拉底既是一个老师,也是一个书写者,他致力于让人为最重要的东西,[137]即政治生活,做好准备。因此,他的演说辞可以理解成是他书写的范例。这一解读在某些方面是对的,但不够深入,因为它无法帮助我们解释伊索克拉底思想中那些实质性的内容。伊索克拉底显然不仅仅想教人如何演说,在他的学说中存在着某种比演说更加重要的东西。此外,如果伊索克拉底真的相信政治生活是最高的东西,那他不可能把他自身的生活方式看得如此高贵,也不可能把他的角色仅仅定位成辅助治邦者。

现在,伊索克拉底被公认为高尔吉亚的一个学生,一个修辞家。而他也总是被人从这个角度出发去理解。这确实是一个合理的归类,如果人们知道伊索克拉底如何定义修辞术的话。我们可以有把握地说,修辞术在伊索克拉底看来既不是政治话语本身,也不是纯文学(Belles Lettres),因为他对单纯的文学问题没有兴趣。如果伊索克拉底的志业是成为一个修辞家或修辞术老师,那么我们就必须从修辞术那晦涩而复杂的开端——那时,修辞术多少还是哲学的盟友,并且声称是对政治的哲学性研究——出发去理解这个词的意思。伊索克拉底说自己是一个哲人,并且我们已经表明,这一身份对他来说要高过其他一切。① 他从未称自己为修辞家——他把这一称呼留给了政治家。相反地,西塞罗称苏格拉底和色诺芬为演说家。[138]在公元前4世纪的开端,知识的各个领域还没有僵化的学科边界。每一学科都声称自己是人之完满存在所不可或缺的东西,并且都声称自己已经充分理解了那些最重要的东西。

---

① 伊索克拉底从未称自己为修辞家,并且他曾两次明确表示他不是(《致腓力辞》,81;《致米提林的统治者》,7)。民众煽动家(demagogue)是 rhetor[修辞家]的等价物(就 rhetor 的典型用法而言,参《战神山议事会辞》,4;《论和平》,129;《论财产交换》,30;《泛雅典娜节演说辞》,15)。伊索克拉底唯一一次使用 rhetorikos[拥有修辞术者]时,这个词指的是一个在民众面前能很好地使用辞令的人(《尼科克勒斯或塞浦路斯人》8;《论财产交换》,253)。

就像西塞罗说的,在苏格拉底之前,修辞术与哲学是同一样东西,彼此形影不离。① 人们只须去看看阿里斯托芬的《云》就能确认这一点:那门使较糟的东西看起来较好的技艺,被当作那门研究天体自然本性的学科的一部分。伊索克拉底本人也佐证了这一点。当他说到高尔吉亚时,他并没有暗示高尔吉亚是古希腊最著名的修辞术老师。他只把他说成是一个考察存在者的自然本性的人。② 一代之后,亚里士多德在他的《修辞学》里将修辞术放在了一个完全服务于政治的位置上。在亚里士多德那里,修辞术成了一门科学——设定了修辞术的运作范围及目的的主宰性政治科学(the architectonic science of politics)——的纯粹工具。修辞术的从属化预设了一门真正的政治科学的出现。在亚里士多德之后,修辞术有了它自己的轨道,它不再严肃地窥伺那属于哲学的王座。从它的中心涌现出许多有趣的演说和许多重要的文学批评,但它不再被视作一门寻求人类之善的研究。因此,伊索克拉底经历了整个修辞术的危机,经历了整个苏格拉底和柏拉图对其进行致命打击的时期。[139]他漫长的一生既经历了高尔吉亚那一代,也经历了亚里士多德那一代。

因此,理解那场危机的本质对我们理解伊索克拉底眼中的修辞术至关重要。我们拥有的最能说明那场危机之本质的文献是柏拉图的《高尔吉亚》。在那部对话中,苏格拉底寸步不让地反对修辞术,嘲讽它,并将它与立法技艺的关系比作化妆术

---

① 《论演说家》,3.6。
② 《海伦颂》,3;《论财产交换》,268。

与健身术,又或烹饪术与医术的关系,而这也就是说,修辞术只是一门单纯糊弄人的骗术。① 这一描述背后的严肃论点并不涉及书写或言说的特征。因为苏格拉底自己就是一个有着完美技艺的演说家,并且使用了所有的专业技巧。真正重要的问题是,修辞术是否包含一种对德性的理解,或者换句话说,是否牵涉到政治科学。

在这部对话中,高尔吉亚将自己呈现为一个提倡对政治进行真正理解的人。他承诺以这样一种方式教育人,即受其教育的人将会具有实现他们政治抱负的能力。通过质询高尔吉亚是否也教授其学生德性,苏格拉底在没有触及问题核心的情况下就相对轻松地反驳了高尔吉亚的主张。高尔吉亚说,在必要的时候他当然也会教授德性。但他随即遭到了驳斥,因为他的主张——他会教授德性——仅仅是半心半意的,他既未好好想过德性究竟意味着什么,也没想过跟随德性的指引会导致什么。显然,高尔吉亚并未真的将德性视作一种真正政治学说的内在组成部分。[140]他对德性苍白的赞美出于他对普罗大众人性情感的审慎尊敬,因为即使人们不喜欢实践德性,他们也喜欢听到德性受赞美。② 珀洛斯(Polus)与苏格拉底的对话即使没有延续高尔吉亚的方式,也延续了高尔吉亚的精神。他介入的主旨是,正义不能等同于对人之善,或者说,政治生活的目的是权力,不论这种权力是如何得到的。我们必须从高尔吉亚和珀洛斯的论点中得出的结论是,他们不相信

---

① 《高尔吉亚》,463a-466a。
② [中译者注]《高尔吉亚》,461b 以下。

"正义"和"不义"这样的词能帮助人理解城邦,因为对他们来说最有效的政治目标必然包含不义。①

卡利克勒斯(Callicles)将这个论点推到了极致,他声称高尔吉亚仅仅是出于羞耻感才同意教授德性,因为高尔吉亚害怕公意。至于他自己,他相信各个城邦的正义都是对自然强者的满足(fulfillment)的习俗性约束。这样他就把讨论带回到自然与习俗的古典区分。依照他的说法,城邦完全建立在人为的契约之上,这一人为的契约不反映事物的自然秩序。正义不是别的什么,而只是人在一个"只有强者才自由"的宇宙面前所表现出的恐惧。因此,那种可以根据强者的意志操控公民大会的修辞术就有了自然赋予的、坚实的正当理由。如果不存在一个管理着公民社会的善的自然等级,那么人就完全有理由按自己的意志和能力行事。从这个角度看,[141]修辞术从谄媚变成了政治的一种必要工具。②

高尔吉亚的论证从单纯的修辞术问题——修辞术是否有用——转向了更深层次的问题,而高尔吉亚对这个问题的回答也是他对他心中的修辞概念所作的终极辩护。他不愿亲自谈论这个问题,因为他的观点并不合乎道德,如果他学生的父母知道他的立场代表了什么,他就会被剥夺在城邦中教授修辞术的资格。更为鲁莽的卡利克勒斯说出了前苏格拉底哲人对自然与习俗所作的区分。自然之光会破坏对属人之物的习俗性理解。

对神来说,所有东西都是美的、善的、正义的。但人却假

---

① 《高尔吉亚》,473—474b。

② 《高尔吉亚》,482c—483c,491e—492c。

定有些东西是不义的,有些东西是正义的。①

因此,政治事物是那些最严肃的前苏格拉底哲人都未曾考虑过的某种混沌之物——因为他们只想远离公民生活所施加的不必要的约束,追寻真理以逃离城邦中那些人造的幻影。对古人来说,不可能存在一门政治科学。因为除非存在着一种自然之善,否则在政治生活中就不可能存在真正的向导。所有的政治实践都以某种善为目的,而如果那种善仅仅是一种制度化了的意见,一种盲目愚蠢、变动不居的激情的产物,那么就不存在任何正当的理由让人坚持追寻共同善。正是因为这个原因,伊索克拉底将高尔吉亚算作前苏格拉底哲人中的一员,并把他描绘成虚无主义宇宙论(nihilistic cosmological theory)——[142]这种理论会把政治科学扼杀在摇篮里——的一个代表人物,也就并非偶然。②

尽管如此,就像卡利克勒斯这个人物所代表的,人仍有严肃对待政治生活的倾向。绝大多数人生活在城邦之中,他们常常对荣誉充满渴望,不管这种抱负有没有实际的价值。正是因为这个原因,修辞术才成了政治领域里最高的科学。政治领域里最高的科学不可能是一门研究城邦中各种法律的科学,因为这些法律既无价值也没有吸引力;不过确实能发现存在着某种秩序。政治抱负从本质上说是想要成为政治家的抱负。每个对公共事务感兴趣的人在考虑公共事务时,必然是从执政者的角度思考它们的。如果

---

① 赫拉克利特,B102(狄尔斯编《前苏格拉底著作残篇》)。
② 《海伦颂》,3;《论财产交换》,268。显然,照此发展,必将导致极端的道德失范(moral anarchy)。

标准不是出自某个更高的来源,那就只能是出自那些制定法律和政策的人。因此,政治家技艺的核心是对言辞的使用,因为政治家正是通过言辞来行动的。他们的想法和目的是他们自己的,但他们能否让人接受这些想法和目的则取决于这门技艺。如果各个城邦政府的原则不能被统一为一门科学,那么,至少民众煽动家在其公共行为中使用的那些技巧能够成为一门技艺的主题。高尔吉亚声称所能教授的正是这门技艺,而从这个角度看,他的主张就变得相当合理了。①

要在这里阐述苏格拉底革命所造成的全部影响是不可能的,[143]我们只能大致提提它对理解修辞术所产生的一些影响。西塞罗有一段脍炙人口的话:

> 苏格拉底是第一个把哲学从天上拉回人间的人,也是第一个把她带入城邦甚至家庭的人。他强迫她提出那些关于生活、道德以及善恶东西的问题。②

苏格拉底重新阐述了自然与习俗这一经典区分。他有能力迫使与他对话的人,包括卡利克勒斯,承认那些反映在法律中的道德区分(moral distinctions)的自然特征。他证明了如果不存在一个客观的善的概念,那么人根本无法言说或行动。他让正义植根于自然,从而使人离了那些不受人控制的原则就无法理解政治领域。

---

① 《高尔吉亚》,452a–453a,455d–456c。
② 《图斯库兰论辩集》(*Tusculan Disputations*),5.10;另参《布鲁图斯》,31。

有了这样一种新的捍卫政治生活的方式,修辞术就不再可能成为政治生活最需要的东西。显然,研究政治将首先意味着理解正义。如果,就像苏格拉底终其一生所主张的,遭受不义要比行不义好,那么一个人就必须有去理解正义事物之本性的激情,并且这种激情要压倒其他任何一种欲望,否则要想活得好就是不可能的。在城邦中,我们必须先知道什么是善,然后才能思考如何践行。就此而言,苏格拉底能名正言顺地将修辞术称作单纯的谄媚,因为它如其所是地接受人的各种激情。没有什么事是修辞术不愿意去做的,因为它深信遭受不义是所有可能之恶中最糟的。①

[144]但这并不表示苏格拉底完全拒绝了修辞术。他和其他任何人一样,知道说服(persuasion)对驳斥不义之举以及创造一个正义的秩序来说至关重要。但他主张,修辞术必须受这种更高理解的指引才不会有害,才会具有些许真正的意义。这就是《斐德若》(Phaedrus)的主题。只有那种想要理解最重要的东西的人才能学会真正的修辞术。高尔吉亚缺乏的正是这种爱欲,而卡利克勒斯则以一种错误的方式拥有它。② 不管一个人写的是法律、诗歌还是演说辞,重要的不是他如何写。真正重要的是,他对他所处理的东西的理解是否与善的本性相关。很有可能,比起那些书写哲学论文的哲人,梭伦或荷马是更伟大的哲人。唯一的评判标准是作者的理解,而被写下的作品正是其理解的反映:

---

① 亚里士多德《在修辞学》的开篇讨论中清楚地证明了修辞术的不道德特征,它为不义辩护的倾向,以及修辞术内在的对做正义之事的漠然(除非服从了德性)。参《修辞学》,1.1.3-5 及 12-13。

② 《高尔吉亚》,481c-482c。

苏格拉底：你呢，去指教吕西阿斯吧，说我们俩下到女仙们的涌泉和缪斯祭坛，听了这番言辞，我们高兴得要对吕西阿斯和无论别的哪个编织言辞的人说——甚至对荷马以及无论别的哪个编织念诵的诗或歌咏的诗的人说，第三，也要对梭伦以及凡用治邦言辞撰写文书——它们叫作法律——的人说：如果一个人在编织这些言辞时知道真实的东西何在，如果所写的东西被交付辩驳时能救助自己，如果自己能够通过言说来显示自己所写东西其实微不足道，那么这样言说和书写的一个人就实不该被说成靠这种写下的东西得到自己的称呼，毋宁说，他得到称呼靠的是他严肃对待的那些口说的言辞。

斐德若：那你派给他什么样的称呼啊？

苏格拉底：叫作有智慧的吧，斐德若，我觉得太大啦，只有神当得起——要不称为热爱智慧的或诸如此类的什么，兴许更切合他自身，与其天性更合拍。①

[145] 亚里士多德在他的《修辞学》引言中直截了当地陈述了苏格拉底对那一修辞术问题的答复：修辞技艺在服务于真理和正义上有巨大的价值。这意味着，修辞术自身并不知道它所必然为之服务的那些真的东西和正义的东西。亚里士多德的《修辞学》预设了他的《政治学》的存在。

因此，苏格拉底与高尔吉亚之间的斗争并不是修辞术与哲学之间的斗争，而是对公民社会之本性的两种不同理解之间的斗争。

---

① 《斐德若》，278b-4。中译取自刘小枫编译，《柏拉图四书》，北京：三联书店，2015。下不另注。

当然也有可能，由于修辞术在最高的苏格拉底的意义上已经变得等同于政治哲学本身，所以那一和演说相关的特定技艺——这种技艺在高尔吉亚眼中有着更高的地位——应该变成一门分离的、被降级的技艺。在这里，重要的是指出一个事实，即作为一门职业的修辞术与一种彻底的苏格拉底主义完全相容。修辞术和柏拉图对话录一样，也能够反映苏格拉底对事物的理解。我们必须记住，称自己为哲人而非修辞家的伊索克拉底说，他之所以选择这种书写风格，是因为所有人都"知道这些演说辞的力量来自哲学"。①

伊索克拉底的修辞术必须被视为和这一史诗般的斗争有关。他不可能没有注意到苏格拉底的批评，然而他却将修辞术带入了它的鼎盛期。他的教诲声称要获得所有高尔吉亚曾经扬言要获得的荣耀。究竟是他简单拒斥了苏格拉底的那些强有力论据，[146]还是他拒绝考虑那种被高尔吉亚和苏格拉底公认为是构成任何主张之基础的哲学论据？

伊索克拉底显然受到了苏格拉底教诲的莫大影响。这种影响是如此深远，以至于他甚至不再试图为演说技艺辩护。他没有提过他的任何一个后来成为伟大演说家的学生，并且他曾明确表示这不是他的目的。② 他说那些把时间消耗在法庭中的人是歪曲正义的人(warpers)，而那些作表演性演说(epideictic orations)的人都

---

① 《论财产交换》,48。
② 《驳智术师》21、《泛雅典娜节演说辞》28-29、《论财产交换》93-94 所列的学生是那些很好地服务于城邦的学生，而不是那些能说会道的学生。提摩忒乌斯(Timotheus)(《论财产交换》,101 以下)，他最喜欢的学生，就其作为一个演说家来说非常失败。

在做无用功,"为那些最卑下的存在物和最目无法纪的人歌功颂德"。① 但他最主要的攻击针对的是那些修辞家。他们是向民众献媚的人,只说讨有权者欢心的话。他们是公民中最危险的一类人,是战争和不义的来源。他们是人民堕落的标志,只有一个没有他们的城邦才可能有健康的制度。伊索克拉底对修辞家整个族类(race)表现出了极其尖刻的轻蔑,他试图表明他们是真理的敌人。他的攻击与苏格拉底在《高尔吉亚》和《理想国》中的攻击高度吻合。② 他自己愿意为了正义的原因遭受失败。他的目的在于使人高贵,而不在于教他们如何演说。

[147]现在,那些为自己的朋友创作劝诫性演说辞的人们,毫无疑问,他们都在致力于一份值得赞美的职业,但是他们并没有献身于哲学中最重要的部分。相反,另一些教师教导年轻人时,并不是教给他们演说术技能,而是教他们如何健全人格、赢得名誉,他们以上述方式为听者作出了巨大贡献。前者劝诫听者要注意语言的熟练度,后者却注重改善听者的道德品行。

……因为你会看到,相比那些因成为有才能的演说者而被赞赏的弟子,我更欣赏那些因自己的生活与行为而卓越的弟子。③

---

① 《驳智术师》,19-20;《论财产交换》,36-39;《致腓力辞》,12;《泛雅典娜节演说辞》,271,263,135。
② 《论和平》,129-135;《论财产交换》,136-137。
③ 《致德莫尼库斯》,3-4;《泛雅典娜节演说辞》,87。

伊索克拉底的政治实践受其政治目的指引,而他的政治目的并不依赖于激情。事实上,那些激情正是修辞术的斗争对象。

伊索克拉底的整个政治生活都在试图用修辞学建立一个良好的政治秩序。他的政治原则先于修辞技艺的使用而存在,而那些原则也不只是对某些具体问题的反应。纵观伊索克拉底的所有演说辞,其中有一套始终如一的关于政治生活的完整学说。这套学说有许多不同的表达方式,但它总是将伊索克拉底关于政治德性的一般概念应用到每个具体的情况,以此来确定最好的实践方式。我们已经表明,伊索克拉底的泛希腊主义思想——因其严肃的政治内容——包含一种尝试,即试图引领雅典人重新回到一种更稳定的混合政制。

要看清伊索克拉底政治关切的苏格拉底源头(Socratic origins),我们也许得转向色诺芬《回忆苏格拉底》里的一个著名章节,在那里,苏格拉底和伯里克勒斯的儿子小伯里克勒斯交谈。他们讨论了以何种方法向雅典人心中注入对古老德性的激情:

> [148]"既然他们愿意服从指挥,"伯里克勒斯说道,"那么,现在就是时候应该讲一下怎样说服他们努力恢复古代精神、荣誉和幸福了。"
>
> "如果我们要人们要求已被别人占有的产业,"苏格拉底说道,"促使他们提出这种要求的最有效的方法,莫过于向他们证明,这份产业原为他们祖先所有,他们有合法的继承权。既然我们希望他们有杰出的勇气,我们就应当向他们证明这种杰出的勇气原是他们从古就有的,他们若努力恢复这种勇

气,就会成为最英勇的人。"

"我们怎能说服他们呢?"

"我想只要我们提醒他们,我们知道,他们最早的祖先,正像他们自己听说过的一样,都是最英勇的人。"

"你是指着凯克拉普斯和他们的同伴由于他们的英勇,在神明之间所作的裁判而说的吗?"

"是的,我说的正是这个意思,而且我还指艾锐赫修斯的诞生和教养,他那时代和所有临近大陆的人民发生的战争,以及在赫拉克雷代斯的子孙的领导下和裴洛帕奈西人的战争以及在泰苏斯率领下所进行的一切战争而言。在所有这些战争中,他们都证明了自己是那时代最英勇的人。而且,不瞒你说,我还是指他们的子孙所做的而言。他们生活在我们以前不久,他们不仅凭着自己的力量与整个亚西亚以及一直到马其顿的欧罗巴霸主们进行了斗争(这些霸主在继承他们祖先的大量权力和资财以外,自己也建立了丰功伟业),还和裴洛帕奈西人一道扬威于陆地和海上。人们都说他们远远超过了他们同时代的人们。"

"人们的确是这样说的",伯里克勒斯回答。

"因此,尽管希腊人迁出的很多,他们却仍然住在他们的本土上,许多有权利纠纷的人都来求他们仲裁,许多受强暴者欺侮的人们都来求他们的救援。"

"苏格拉底,我真奇怪,"伯里克勒斯说道,"我们城邦的威力怎么竟这样败落下来。"

"我想,"苏格拉底回答道,"正如别的人由于过分超群出众和成绩优异而疏忽大意以致落后一样,雅典人在取得卓越成就之后,也是由于疏忽大意而变得落后了。"

"那么,他们怎样才能恢复他们原有的威望呢?"

"我看这并没有什么神秘之处,"苏格拉底回答道,"只要他们能够发现他们的祖先是怎样行事为人的,而且自己也努力照样去做,他们的威力就不会逊色于他们的祖先;或者,如果不这样做,而能仿效那些现在占统治地位的人们,照着他们的方式行事为人,以同样的细心对待自己的事业,他们的成就也会同样地好;如果他们再勤奋些,他们的成就还会更好。"

"你的意思是说我们的城邦距离完善的程度还很远吧,"伯里克勒斯说道,"究竟什么时候雅典人才能像拉刻岱蒙人那样尊重他们的前辈呢?[149]他们从他们的父辈起就藐视年长的人了。或者,什么时候他们才像拉刻岱蒙人那样锻炼身体呢?他们不仅自己不注重健康,还嘲笑那些注重健康的人。什么时候他们才能像拉刻岱蒙人那样服从领袖呢?他们甚至以藐视领袖为夸耀哩!什么时候他们才像拉刻岱蒙人那样同心同德呢?他们不仅不能互助合作以谋求互利,还互相伤害,彼此嫉妒,比对世上其余的人更甚。他们无论在私下还是公众集会中都比任何人更爱争吵,他们最爱彼此控诉,宁愿互相占便宜而不愿互助互利。他们看待公众事务就好像和自己无干的别人的事情一样,然而却又彼此争吵着要管理这些事务,甚至以有力量能够这样争吵为乐。由于这种情况,许多灾祸和罪恶就在城邦里滋长起来,大量的仇恨和怨气也在人民中间发生。因此,我经常怀着恐惧的心情,生怕有忍受不了的灾祸降临城邦。"

"哦,伯里克勒斯,"苏格拉底说道,"绝不要以为雅典人已经病入膏肓,不可救药了。你没有看到他们在海军的训练上怎样井然有序,在运动竞赛上怎样服从领导,在服从歌舞团教练的指导上也绝不亚于任何人吗?"

"这的确是惊人的,"伯里克勒斯说道,"这一类的人倒能服从那些在上面领导他们的人,而从人民中挑选出来的、理当是品德优良的步兵和骑兵反倒是最桀骜不驯的人。"

"阿莱阿斯·帕各斯的法院怎样呢?伯里克勒斯,"苏格拉底问道,"难道他们不是由经过考验的人们所组成的吗?"

"当然是。"伯里克勒斯回答。

"你知道有谁判断案件和经办其他事务比他们更好、更合法、更尊严、更公正吗?"

"我找不出他们有什么毛病。"伯里克勒斯回答。

"那么,我们对于雅典人的不遵守纪律,就不必抱失望的心情了。"苏格拉底说。①

在这段文字中,我们可以找到伊索克拉底在所有关涉雅典的演说中详述的那些主题的萌芽:试图从雅典的过去中找到当下最需要的德性,以便培育出本土自尊心(local pride),且这样的尝试被奉为最有效的修辞技巧(苏格拉底并未表示这些故事必须都是真

---

① 《回忆苏格拉底》,3.5—20。如无特殊注明,《回忆苏格拉底》的所有中译引文均取自《回忆苏格拉底》,吴永泉译,北京:商务印书馆,1984,译者在引用时稍有改动。

的,这仅仅是用来劝说的方式)。[150]伊索克拉底在《泛希腊集会辞》和《泛雅典娜节演说辞》中就是这么做的。(柏拉图的《默涅克塞诺斯》[Menexenus]也类似,此外,《墨涅克塞诺斯》还有许多元素和伊索克拉底对雅典的赞美相通,比如雅典出人意料地被称作贵族制的城邦。)伊索克拉底经常使用的那些神话在这里都有涉及。雅典的腐败及其特定的形式在这里都被提到,而伊索克拉底偏爱斯巴达及其政制的本质内涵也得到了阐明。而最后,最令人震惊的莫过于苏格拉底的暗示,即道德复兴的合适起点应该是战神山(the Areopagus)。

这段文章有太多和伊索克拉底的政治观点相对应的元素,以至于不可能是巧合。此外,它还把那些细节放入了相同的修辞学框架中。伊索克拉底对雅典人的劝勉只不过是这里所提计划的改良与扩张。苏格拉底显然在政治导向上给了伊索克拉底许多指引。

伊索克拉底希望通过政治话语上的教育来唤醒高贵年轻人身上的德性之光。他的教育指向德性,而邪恶的年轻人是无法被教导德性的。正义不是通过反复诵咏一些法则就能够学会的技术。只有没把理解德性当作一项严肃事业来对待的人才会同意售卖它。① 德性是长期习惯化(habituation)的结果,即使是在学习说话

---

① 《驳智术师》总体上都是,但尤其是 3-5,21;《论财产交换》,274 以下;《海伦颂》,1-14。另参:色诺芬《回忆苏格拉底》,卷 1.2.7,卷 13;《海伦颂》,5-8;柏拉图《申辩》,20b。伊索克拉底收钱,但只限于指导某些修辞技艺,并且他不作进一步的承诺。他对把自己的思想卖给那些不合适的人抱有苏格拉底式的轻蔑。

的过程中,自然和实践也比一个老师重要得多。但毫无保留地说,在学习如何写一篇出色的政治演说辞的过程中,[151]包含着对政治事物之本性的关注,这种关注提升了一个人对什么是政治之善(politically good)的觉察。任何人若在头脑中考虑过比如什么样的人才会成为一个好将军,他就会发现,如果他自己要成为一个将军,不试图模仿这些品质是很困难的。同时,他发现的那些最重要也最有可能为他赢得名声的东西,很有可能会成为他野心的对象。这就是从广义上讨论道德议题的价值所在。学生的个人激情会被排除在考虑之列,直到后来他才会不禁发现,规则主导了他的行为,并且规则甚至可能与那些暂时被遗忘的激情相抵牾。一个人若研习过这类东西,就会在他的实践中表露出某种坚定性,他会按照原则行事,并且他的决定不会是机运的结果。①

尽管可能存在反论,但总的来说,伊索克拉底无疑是苏格拉底式的,不管是柏拉图意义上的还是色诺芬意义上的——如果两者有区别的话。在《理想国》里,苏格拉底就政治事物之本性的问题跟一群人展开了对话。在这些人中有两个年轻人,他们怀揣巨大政治抱负,但却对正义在事物秩序中的地位心存疑虑,他们是格劳孔和阿德曼托斯。苏格拉底并未告诉他们正义是好的,也没有向他们展示任何正义学说。当然他也没和他们讨论形而上学。他邀请他们来加入一场创建好城邦——一项极为重要和光荣的任

---

① 《论财产交换》,186-194,196-214;《泛雅典娜节演说辞》,32;色诺芬《回忆苏格拉底》,3.9.1-3,4.2.1以下。伊索克拉底和色诺芬笔下的苏格拉底在陈述他们的教育体系时都非常的浅显。教育是自然和经验的必要补充。有教养的人将拥有单纯走运的人所没有的技艺和可靠性。

务——的冒险。通过这种对政治事物近距离的、抽象的考察，他们自身被迫接受了德性的那些最严苛的标准，其道德视野也因此得到了拓展。没有哪个值得建立的城邦可以在没有正义的情况下存在，他们知道这一点不是通过被告知，而是通过亲眼所见。正是以这样一种方式推进的"城邦"概念让他们认识到，当他们自身进入政治领域时，他们必须做什么。苏格拉底的这一程序（procedure）和伊索克拉底描述的自己的程序没有丝毫不同。他们都通过调动最高贵的年轻人所具有的激情来成为公民大会上的领袖，并通过影响事务来将年轻人引向德性的生活。在伊索克拉底的意义上，《理想国》是一种政治话语（politikos logos）。

色诺芬笔下的苏格拉底教学法也同样如此。苏格拉底如何对待欧蒂德谟（Euthydemus）①和格劳孔的那些故事，以及《回忆苏格拉底》三卷前 7 章都能充分说明这点。事实上，不管是在色诺芬笔下还是在柏拉图笔下，苏格拉底总是在讨论严格意义上的政治问题，并总是在迫使他的对话者检视其自身的观点一经推敲究竟意味着什么。而这正是伊索克拉底声称自己在做的事。另外，色诺芬告诉我们，苏格拉底曾劝诫他的某位同伴研习话语（the study of logoi）——因为这门研究对政治来说极为重要——其表述不得不让我们联想起伊索克拉底说过的那些话。

难道你没有想过，我们照着习俗所学到的最好的东西，即教我们如何生活的东西，都是通过话语学来的，[153]我们所

---

① 《回忆苏格拉底》，4.2。

学得的其他一些有用的知识也都是通过话语学得的,最好的教师是最依赖口头话语的人,在最重要的问题上拥有最深刻知识的人都是最会讲话的人吗?①

话语不是为了演说。但要想搞清楚实践的本性,就只能通过那些用于把实践正当化的话语。故此议事性演说非常接近于对政治的哲学研究,因为它们包含着对人为何行事的更深层次理解的核心。

然而,不管这种意图上的相似多么明显,人们从来都不认为这种比对有说服力,因为他们认定伊索克拉底拒绝接受苏格拉底式论证的哲学结论。他被看作一个永远锁在洞穴里的囚徒。他似乎"没有说过什么我认为的精妙的东西,而只说城邦最需要的东西",因而他是柏拉图润色过的苏格拉底的对立面。伊索克拉底主张某种粗俗的效用性,而把他与柏拉图的对立看作公元前4世纪雅典学派之间的倾轧,这已是一种通行看法。是伊索克拉底更被推崇,还是柏拉图更被推崇,这取决于解读者的口味,但他们之间的关系还是以同样的方式被理解。柏拉图注重形而上的教育,而伊索克拉底则主张文法的教育。伊索克拉底从未明确提过柏拉图,但他的许多段落被认为是在影射柏拉图,并且他那反复提到的主张,即最重要的事是为政治生活做好准备,也被视为对柏拉图的模糊指控(prise de partie)。依照这种观点,柏拉图开启了西方的哲学旨趣,[154]而伊索克拉底则是某种包含文法教育

---

① 《回忆苏格拉底》,3.3.11。参《尼科克勒斯或塞浦路斯人》,5—9;《论财产交换》,253—257;《泛希腊集会辞》,48。

的友好人文主义之父。而这似乎会让伊索克拉底落入某种不幸的境地,即被认为无法通过甚至根本没打算通过任何真正的原则来为其信仰正名。

事实上,这场教育之争并没有很坚实的文本基础,每一段用来佐证它的引文都只是在断章取义,这些引文完全可以得到更好的解读。我们不妨从那些支持当前看法的最重要的段落中详尽地选取一段,以便表明这些证据的模糊性及其用心。

> 我相信,这些精于辩论性话语(eristikoi logoi)的教师和从事天文、几何和诸如此类研究的人不会去做伤害之事,恰恰相反,他们有益于自己的学生,益处虽不像他们声称的那般多,可也远多于人们对他们的赞美。大多数人认为,这类研究不是空谈就是吹毛求疵,因为这些训练没有哪样是有用于处理私人或公共事务的;不但如此,他们甚至学了就忘,因为他们在一生中既不加入我们又不给予我们适当的帮助,而是完全与我们脱离。在这件事情上,我的观点是既不苟同,也不会偏离太远。我是宁愿认为这两种观点都对,即这种训练对实际生活既无用也有用。如果这一陈述有其自相矛盾之处,那是因为这些训练在性质上不同于我们教育的其他组成种类。其他的训练在掌握一定知识后便对我们的实际生活有益,而这些训练在掌握之后仍可能是无用的——除非我们能够借此谋生——它只在学习过程中帮助我们。当我们从事这种精妙准确的天文学和几何学时,我们被迫将我们的心智用于处理复杂问题。此外,习惯于演说、专注于言辞表达,不会使我们的

机智被用于收集羊毛,而是在被磨砺后得到一种更容易地理解事物、更快速地学习的能力,学习那些更为重要且有更大价值的事物。然而,这一不会立即在演说和行动中帮助我们的训练,我不认为它适合用"哲学"一词来称呼。我宁愿称之为一种"心智锻炼"和一种"哲学预备"。可以确定的是,[155]这种研究比男孩们在学校里追求的更为高级,但很大程度上是同一回事。因为在他们努力学习语法、音乐等课程时,这些课程训练不只使他们演说和仔细考虑事务的能力提高了一小部分,而是提高了他们掌握更伟大更严肃研究的能力。因此,我会建议青年人花一定的时间在这些训练上,而不是被这些无价值的专门研究耗尽心智,或者滞留在旧日智者所致力之物,追逐对世界本源之物的研讨。他们中的一位认为世界本源的要素是无限的;恩培多克勒坚持认为有四种元素,其运动方式是斗争和爱;伊翁则认为不超过三种。阿尔克迈翁(Alcmeon)认为只有两种;帕默尼德和麦里梭坚持只有一种;而高尔吉亚认为一种也没有。在我看来,这些好奇的探索如同开玩笑,尽管于人无益,却吸引了如此多心智空虚的人。我认为一个人若想有所作为于这个世界,就必须彻底抛弃他们那些空洞的爱好与活动,这些事物不容于我们的生活。[1]

首先我们必须指出,这段文字来自《论财产交换》——据说它是伊索克拉底冒着生命危险对哲学所作的一次辩护。人们指控哲

---

[1] 《论财产交换》,261 以下。

学败坏了年轻人,而伊索克拉底所作的辩护是对苏格拉底的申辩的一次正大光明的模仿。伊索克拉底并未把这一处境当作单纯的文体装置(stylistic device),因为这是一个至关重要的问题。哲学真的遭到了憎恨,处在生死攸关之际。伊索克拉底和苏格拉底站在了一起,一同对年轻人身上奄奄一息的哲学兴趣施以援手。将伊索克拉底视为一个过分敏感、喜欢夸大别人对他的憎恶的老人是荒唐的。对这些研究深信不疑的我们往往遗忘了一点,即处于襁褓期的科学究竟经历了多么严酷的斗争才有了它自己的地位。在苏格拉底死后,为了让哲学之火得以延续,需要那些选择为哲学辩护的人付出英雄般的激情和繁重的劳作。在解读伊索克拉底的过程中,最重要同时也最少被人注意到的一点,[156]可能是他的作品大多具有申辩特征(character of apologetic)。凡伊索克拉底说到他自己的哲学的地方都是如此。

苏格拉底式的辩护生来就有两幅面孔,第一幅朝向古代哲学,第二幅径直朝向城邦。后者的目的在于向公民们证明哲学不是一项危险的事业,它并不会破坏年轻人的爱国热忱。普遍的、世界主义的研究很可能会削弱学生对个别的、本土性东西的依恋。当凝视着天上的阿那克萨戈拉(Anaxagoras)被问到他是否不认为应该效忠他的祖国时,他指了指天说道:"我在效忠我的祖国。"这是统治者一方合情合理的怀疑,而苏格拉底接受了这种怀疑。一个城邦有权利要求它的年轻人接受旨在让他们效忠于它的教育。信仰城邦的法律和诸神是此类忠诚的基础,而这种信仰在真正的哲学教育中是否受到了强有力的冲击,至少是可以存疑的。因此,柏拉图和色诺芬都竭力想要证明,苏格拉底真的教育了那些极为效忠城邦的君子(gentlemen)。他们试图从政治上为哲学做一番辩护,证明城邦需要这样的研究甚于需要其他任何东西。这种对哲学观点的政治陈述不能非常坦率,因为哲人所做的许多研究都是可疑的。它们并不能被普通人所理解(比如研究天上神圣之物的天象学,[157]或对一个具体城邦律法的正义性所作的严肃讨论)。色诺芬和柏拉图必须让普通人接受他们无法理解的东西。从这个意义上说,他们对非政治的东西做了一番政治的呈现。他们写下的作品不是哲学的,而是修辞性的。

阿里斯托芬在《云》中所刻画的苏格拉底形象正是如此。在一个善良可靠的公民眼里,即使是最值得尊敬的哲人的工作也可能如此。色诺芬试图淡化这种印象,他在整本《回忆苏格拉底》中表明,苏格拉底仅仅对培养他学生的德性感兴趣。好人与苏格拉底为伍。《申辩》中的苏格拉底否定自然哲人们所精通的秘术知识,说自己致力于真正理解人,并把自己描绘成整天盯住人不放的牛虻;伊索克拉底则告诉雅典人,他们必须最敬重对他们批评得最狠的那类公民。二人简直如出一辙。

正是在这样一个语境下,才有了伊索克拉底的上述言论。演说的形式——在雅典人面前所作的辩护——不能忽视。① 因为这是解读演说辞的重要背景。现在,我们不需要多么仔细的文学阅读就能发现,伊索克拉底事实上在劝诫年轻人去学习几何学、天象

---

① 说到伊索克拉底的方法,有意思的地方在于,尽管伊索克拉底叫法庭书记官完整地念完《致尼科克勒斯》(《论财产交换》,72)的结尾,可书记官只念到第39段,而略去了带有强烈反民主情绪的整个第39-54段。

学和辩证法。[158]伊索克拉底的论点构成了对年轻人应该进行这些活动的一次辩护,一次针对大多数人看法的辩护。这本身非常了不起。伊索克拉底说,年轻人要进行的这些活动并不是什么坏的或危险的事业。如果听众的偏见被调动起来,并且这些学习遭到了完全的否定,那么伊索克拉底的辩护本来会有效得多。伊索克拉底事实上打开了一扇雅典人希望关上的门。伊索克拉底为那些游走于争论不绝的集市上、脸色苍白的年轻人在城邦中预留了一个位置。

作为证明上述段落所提供的解读的可能性的例子,我们不妨看一看另一段类似的表述,这一表述被色诺芬安在苏格拉底名下:

> 因为他并不像其他大多数哲学家那样,辩论万事万物的本性,推想智者们所称的宇宙是怎样产生的,天上所有的物体是通过什么必然规律而形成的。相反,他总是力图证明那些宁愿思考这类题目的人是愚妄的……在那些考虑宇宙的本性的人中,有的人认为一切的存在是一,而另一些人则认为有无数的世界;有的人认为万物永远运动着,另一些人则认为没有一样东西是动的;有的人认为万物都在生成和毁灭,另一些人则认为没有什么东西在生成和毁灭。关于这一类的哲学家,他还会问,就像那些研究人类事务的人一样,当他们学成之后,他们希望为自己或他们想为的不管什么人做些什么。那些研究天上事物的人,当他们发现万物是凭着什么规律生成的以后,也希望能够制

造出风、雨、不同的节令以及他们自己可能想望的任何东西来，还是他们并没有这类的希望，而是仅以知道这一类事物是怎么生成的为满足呢？①

这里，色诺芬为苏格拉底在城邦中引入新神的指控作了辩护。这段文字意在表明苏格拉底从未让年轻人去沉思自然，因而从未败坏过他们。在法庭上，[159]这样的辩护会被当成对所指控罪名的完全否认。但我们显然还可以对这段文字作更为精妙的解释。对于引文最后提出的问题，一个理论人能给出的简单答案是：获得这类事物的知识就够了。并且如果我们检视一下那张罗列了各种疯狂理论的表，我们会发现，显然其他的理论都很荒唐。存在的肯定不止一种元素，当然，也不可能是无穷种元素。除了色诺芬所说的这些理论之外，还有其他选项。我们必须考虑是否色诺芬在这里故意只罗列了那些不可能的理论，换言之，色诺芬是否在含蓄地暗示，其他的理论也许是可以被接受的。

现在，在伊索克拉底的陈述中，我们也能够看到相同的可能性。他也在作辩护，并且他也被指控败坏青年。色诺芬所列的表与伊索克拉底所列的表之间极为相似。另外，伊索克拉底告诉年轻人要拒斥那些旧日的智者，这点再怎么强调也不为过。因为正是在这一点上，苏格拉底式辩护的另一面，即保护公民社会免遭前苏格拉底哲人的攻击，进入了我们的视野。尽管苏格拉底对沉思自然的批判有很强的修辞成分——因为必须说服那些疑心重重的

---

① 《回忆苏格拉底》，1.1.11-15。

非哲人,告诉他们正确理解的哲学是无害的——它还有一个更精妙也更严肃的部分,而这部分是面向哲学听众的。生活在公元前5世纪和前6世纪的那些伟大的自然哲人被公民社会悄无声息地忽略了,因而他们讨论的是事物的起源和宇宙的结构。这门研究让他们对理解政治事物越来越提不起兴趣,甚至他们都无法处理日常生活中最常见的现象。[160]就让怀疑者从德谟克利特的原子出发,建构出一套关于道德高尚(moral nobility)的令人信服的论述吧。这种观点破坏了对事物的常识性理解(common sense understanding),所得出的结论也远远谈不上令人信服,这点可以从当前形式上相互抵触的多种多样的立场中看出。这些思想家已经把宇宙分解成了最小的组成单位,然而他们却无法从这些最小的组成单位出发构建出那个我们熟悉的宇宙。宇宙发现自己正处在"蛋头"(Humpty-Dumpty)的可悲处境下,①而那些完成这一伟大工作的人几近于疯子。他们没有紧紧抓住日常生活中切实的寻常经验,从而让自己进入了一片无法回头的荒芜之地。

苏格拉底试图通过他的"第二次起航"(second sailing)去发现一种得到事物真知识的新方法——这种方法既能保留早先思想的意图,又能避免其蠢行。② 人如果直视太阳,眼睛就会被闪瞎而什么也看不到;但如果去看反射着太阳光的事物,就更能看见它们真正的特征。人必须阐明那些他们拥有坚实知识的事物的自然本

---

① "蛋头"是英语世界童谣中的经典人物,几乎家喻户晓。"矮蛋头,坐墙头,栽了一个大跟头。国王呀,齐兵马,破蛋重圆没办法。"

② 《斐多》,95e以下。

性,而这意味着回归对事物的常识性理解。否则,事物实际所拥有的复杂性就会丢失。因此,被忽视的政治事物在这种新方法中具有优先性。[161]它们是人最熟悉的事物,也是人耗费精力最多的事物。相比于直接进入一场关于原子的讨论,我们不如尝试了解各种人对正义的看法,如此就能得到一幅关于我们栖居其中的世界的更清晰的图像。① 相比于原子的运动,人对正义和不义的行为有着更切实的体会。为了真正理解事物,现象必须被"拯救"(saved)。这个世界上的所有精致的论证都不能帮助我们——如果它们不能回答苏格拉底那些朴实的问题:什么是德性? 什么是正义? 什么是有益?

道德区分在人类生活中异常重要,如果一种世界观既不关心它,也没有留一席之地给它,那么这种世界观一定是一种堕落的世界观。即使这些区分真的只是建立在泥沙之上,解构这些区分仍就是解构社会本身,而这是我们无法接受的后果。苏格拉底把自己塑造成一个从哲学上捍卫寻常德性——那门关于简单灵魂的科学——的人。② "归功于苏格拉底丰富的谈话,一群最有学养的人涌现出来,据说是他们首先发现了哲学——不是那种很早就有的关于自然的哲学,而是那种讨论人的生活及其习惯之好坏的哲学。"③不管苏格拉底的方法在沉思自然的道路上会走多远,它必然总是会走君子们理解事物的道路,最显而易见的为人所知的现

---

① 《回忆苏格拉底》,1.1.11-16。
② 卢梭,《论科学与文艺》。
③ 《布鲁图斯》,31。

象都会被保留下来。大多数人将不得不活在那个现象世界里，[162]而上升必须以他们为起点。因此，苏格拉底哲学的开端看起来总像是在拒绝自然哲学。如果我们只读了苏格拉底在《斐多》里讲述的他和前苏格拉底哲人交往的故事，而没有读到他讲述的他的第二次航行，那么我们几乎会得到与上述伊索克拉底及色诺芬段落相同的印象：沉思宇宙是愚蠢的。然而我们知道，苏格拉底本人也继续着这样的沉思。但他首先要为他的新尝试打好基础，把人们领回其在政治生活中的起点。

苏格拉底本人止步于此。他主张政治必须被严肃对待，任何研究若声称能让人变得有德性，而其学生却无法处理最寻常的事务，那它必然多少是有缺陷的。这不是说，一个人只要能掌控事务就够了。但如果一个人因为哲学的关系而无力于此，那么哲学就和人的生活无甚关系，也应该受到担忧和憎恶。我们很容易就能看到，绝大多数精确的技艺和科学为了达到它们的精确性，必须放弃它们的真实旨趣。伊索克拉底告诉我们，这种精确性是通过压榨事物的复杂性取得的。和寻常的看法相反，伊索克拉底并没有说意见是人唯一能够得到的东西。他只是否认政治事物中存在着关于未来的绝对确定性，治邦术(statesmanship)需要某种程度的猜测和期望。[163]他喜欢一个掌权的受过考验的真政治家多过一个统计学家。他只是在一个实践的影子世界(shadowy world)里呼求明智。这不是说关于政治的目的就不存在任何确定的原则，也不是说不存在任何人类可以取得坚实知识的领域。在这方面，他与柏拉图、色诺芬及亚里士多德别无二致。他只是在批评那些智

者,后者声称能教授给人所有必须知道的东西。① 他提到了普罗塔

---

① 《论财产交换》,271,184;《泛雅典娜节演说辞》,28-30;以及《海伦颂》,5。这些段落是将伊索克拉底解读为一个反对科学、捍卫意见的人的基石。其合理性可以通过《论财产交换》的第 2 段清楚地展现出来,在那里,伊索克拉底说人无法预见未来,因而总是处在疑虑当中。但这一薄弱的证据似乎还不足以得出他因此就否定了整个科学维度。他认可几何学和天文学这类科学的存在。他只说这些科学并不足以指导政治生活。他区分了理论与实践,并暗示实践无法像一些智术师想的那样被还原为理论。治邦术(statesmanship)有其自己的角色,这一角色不能被其他任何抽象的教诲所替代。实践基于预想和期望。它因此总是建立在意见(doxa)之上。这在本质上并非不同于亚里士多德对实践与理论的区分。亚里士多德的语汇避开"意见"这个词,但意思其实相同:实践智慧不是一门理论科学。理论科学与实践没有直接的联系(《尼各马可伦理学》,6.7.7)。伊索克拉底特别强调了意见这个领域,然而这一强调在这里并不重要。他和柏拉图、亚里士多德及色诺芬都认为政治归根结底都建立在意见之上(参《回忆苏格拉底》,1.1.5-8)。

尽管这一结论在柏拉图那里可能还存在争议,但很有可能,在那些柏拉图似乎认为存在着一门关于政治的精确科学的段落里,他事实上是以一种在人类事务中不可能达到的完美检视着事物,这是他的惯常手法。在《斐德若》的末尾,苏格拉底暗示,只有诸神才能实现智慧,对人来说,只可能存在对智慧的永恒追求(《斐德若》,278d)。总的来说,《治邦者》,尤其是那个神话,旨在证明只有在神的统治下,才可能存在真正的科学。在那个神话中,异邦人说一切混了质料的东西都是可变的。而在《治邦者》301 处,我们看到现实中的人被迫使用律法———种对完美的不精确的模仿——而这似乎是人类的必然处境。《法义》证明了这一点,在那里,政治家拥有正确的意见来训练人。在《游叙弗伦》7 中,苏格拉底暗示,在对正义和不义的看法上,人生来就是不同的。最后,《阿尔喀比亚德前篇》的结局是,苏格拉底告诉阿尔喀比亚德,成为一个政治家的真正方法是完全脱离政治,追求智慧。从某种意义上说,阿尔喀比亚德是在寻求某种政治科学,那是他的目标,但如果他忠于他的目的,他就应该永远不再涉足国家的政府机构。因此, 在诸如此类说到一门精确

戈拉和高尔吉亚这类柏拉图也曾特意加以反驳的人。[164]伊索克拉底在《泛雅典娜节演说辞》中对技艺与科学的批判,让人想起苏格拉底如何去拜访各种自认知晓最重要的事,然而事实上一无所知的人。

伊索克拉底并未暗示他的君子气(gentlemanliness)概念所隐含的那种对每一样事物在整全中的地位的理解,那种"区分了因无知造成的不幸和因必然性造成的不幸,并教导我们要避免前者、高贵地承受后者"的理解是容易的。① 要想像有教养的人那样行事,需要彻底拥有认识事物本性的智慧,即拥有关于具体技艺以及它们在事物的整全中的地位的知识。② [165]伊索克拉底从未告诉过

科学的例子中,柏拉图说的更多的是哲学而非政治。他将对真实政府的讨论放在了一边,因为这种讨论虽然必要,但永远都会被问题和意见所主导。

伊索克拉底强调意见是他回归政治并坚信意见必须被严肃对待的结果。重要的不是伊索克拉底为何偏爱意见,而是作为科学主张对立面的政治对他来说为何如此重要。在政治与意见的关系问题上,古代作者们总体上都是一致的。事实上,很有可能,比起其他学说的支持者,苏格拉底派的哲人会给意见以更高的地位,因为对他来说意见是终极真理的反映,而对非苏格拉底派的哲人来说,意见都是些无用的空话。一旦我们发现城邦具有一种自然的尊严,我们就会立即意识到,城邦用来安身立命的意见也有一种更高的尊严。一个为了科学而否定城邦的前苏格拉底哲人也相应地看轻意见。

① 《泛希腊集会辞》,47。
② 那个说苏格拉底的兴趣在于帮助人成为君子的色诺芬定义君子的方式,就好像成为一个人在严格的柏拉图意义上意味着必须成为一个哲人:君子是一个能回答"是什么"(ti esti)问题的人(《回忆苏格拉底》,1.6.16;参3.9.1-5)。这本质上也是伊索克拉底在讨论有教养的人时所持的观点(《泛雅典娜节演说辞》,30-32)。

我们半点他学园里发生的事。他驳斥其他立场,并告诉他预想中的学生,要学习话语,因为它能帮助他们过上一个好公民应该过的生活。但他项目的真正课程和内部机制总是被他小心谨慎地一笔带过。他只在一篇演说辞中承诺要将这些公之于众,但可疑的是,我们现存的所有抄本都缺失了这一非常重要的结尾。① 现在,他在我们看到的这段文字中说到了天文学和几何学:"……这些东西对那些精于它们的人毫无助益,除非他们选择靠它们来生活。"限定词非常强有力。我们可以将它和《回忆苏格拉底》中的另一段文字做一对比,这对帮助我们理解大有助益:

> 他不赞成为了研究复杂难解的图形而学习几何学,因他看不出这样做有什么用处,尽管他自己并非不懂这一套。他认为这样做会使人把毕生的精力都消耗在上面,以致许多别的有用的东西都无法学习了。

以及关于天文学:

> 他也看不出这样做有什么用处。其实他自己对于这些并非不懂,不过他认为这样做会消耗人的毕生精力,以致不能够学习许多别的有用的东西。②

这些段落具有惊人的相似性,以至于我们很难不假思索地置之不理。

---

① [中译者注]《驳智术师》,22。
② 《回忆苏格拉底》,4.7.2-5。

尽管伊索克拉底经常批判那些辩论性话语(eristikoi logoi)，[166]但这种批判同样不违背苏格拉底的精神，对于这一点，我们只需要去看一看柏拉图的《欧蒂德谟》就明白了。在写给尼科克勒斯的信中，伊索克拉底这样教诲道：

> 尤其值得注意的是，那些哲学老师们，他们频繁地讨论灵魂的培养，一些人主张通过辩论性话语(eristikoi logoi)使弟子们获得更大的智慧，一些人主张通过政治话语(politikoi logoi)的形式，还有一些人主张通过其他的方式，但所有人都在一点上达成了一致，那就是由于接受了他们的训练，那些有教养的人必然会表现出有出谋划策的能力。①

在这里，伊索克拉底承认，他出谋划策的能力也许只能在"关于获取知识的最佳途径"的问题上保持中立。政治话语也许是他的能力的来源，当然也有可能不是。伊索克拉底在他写给青年亚历山大的信中说道：

> 关于哲学，据说你不厌恶那种和辩论有关的哲学(peri tas eridas)，并且认为其在私人讨论中很有帮助。但是你认为，诡辩术对民众的领袖或君子国的领袖来说都是不合适的，因为那些自视比别人卓越的人并不适合与普通公民辩论，也不会允许别人反驳他们。②

---

① 《致尼科克勒斯》，51。
② 《致亚历山大》，3。

伊索克拉底既不是民众,也不是君主国的领袖。他是一个典型的私人。他会进行辩证性的探究吗?他经常提到他和学生讨论,我们拥有一份完整的论辩记录,这份记录在形式上并非和对话的形式全然无关。学生说,这就是他们在学园里已经学到的那种东西,他还进一步说,伊索克拉底的那些演说辞旨在激起关于人和事物的自然本性的辩证性讨论(peri de fuseos anthropon dialegomenon kai pragmaton)。[167]这种讨论的结果是,那个学生学会了认识他自己。①

当我们以一种非历史的隔绝眼光去看的时候,伊索克拉底著作中的许多段落似乎都和柏拉图的许多段落相冲突。但如果我们以一种真正历史的方式,即通过尝试发现真正紧迫的问题是什么以及他们如何回应这些问题,我们就会发现他们的看法其实存在着惊人的一致性。苏格拉底式辩护的双重特征——既需要反对城邦以捍卫哲学,又需要反对哲学以保护城邦——构成了苏格拉底死后哲人们所面对的那一组严肃问题的核心。伊索克拉底和柏拉图对这两个问题的回应相同。城邦必须看到哲学能够生产好公民,而哲学必须找到一种认可城邦道德的方式。伊索克拉底没有写下一个完整的体系,或没有正式地提出所有那些问题,并不表明他没有能力这么做。事实上,就像我们看到的,他对书写有许多保留。诚然,到目前为止,我所说的一切并不能证明伊索克拉底分享了所有苏格拉底相信的东西,但却足以表明伊索克拉底从未反对我们所知的那些苏格拉底相信的东西。而他选择本着苏格拉底的

---

① 《泛雅典娜节演说辞》,236,240,230。

精神为哲学辩护这一事实,也表明了苏格拉底对他的影响是多么深远。甚至他为何选择修辞学作为他表达自身的方式,从这一角度看,也变得更加清楚了。在他生活的那个时代,最紧迫的是劝说,[168]而就像《申辩》所展现的,修辞学是公开劝说的工具。苏格拉底和伊索克拉底的确切联系我们也许永远不得而知,我们唯一拥有的直接线索出现在柏拉图那里,①柏拉图这样写道:

斐德若:美好的伊索克拉底啊!你会对他传达什么呢,苏格拉底?我们该说他是个什么样的人呢?

苏格拉底:伊索克拉底还年轻,斐德若。不过,对他嘛,我倒有预言,愿意说说。

斐德若:什么预言?

苏格拉底:我觉得,就天赋方面而言,他的言辞水平比吕西阿斯更高,而且秉有更为高贵的品格。所以,就他如今尝试的那些言辞来看,待他年齿渐长,如果他会超过那些接触言辞已多有时日的人有如成人超过小孩,不会有什么好奇怪的啊。不过,如果他不以这些为满足,某种更为神样的冲动会把他引向更伟大的事情。毕竟,凭靠天性,亲爱的斐德若,某种热爱智慧的东西已经内在于这个男人的思想之中。因此,这些就是我要从这儿的神们传递给我爱的伊索克拉底的话。

西塞罗在《论演说家,同样献给布鲁图斯》(*Orator ad*

---

① [中译者注]原文作 the only direct hint was have is recorded by Plato thus,was 似为 we 之误。

M. Brutum)中引用了这段文字并且评论道:"至于我,那些不尊敬伊索克拉底的人必然认为我和苏格拉底及柏拉图犯了一样的错"。①

二

一种修辞的表达形式需要专属于它的解读方式。一篇演说辞不能用读论文的方式去读。当人写论文的时候,他是在向他的读者——不管这个读者是谁——直接发声,他会力求尽可能地表达清晰。而读者只需关注作者的论证即可。作者的个人处境通常无需考虑,而作者的写作风格只有直接服务于"表述清晰"时才会显得重要。然而,就演说辞而言,读者与书写下的作品之间的关联是缺失的,读者现在处在第二梯队之中。作者不再是在对他说话,[169]而是在对不包括他的一群听众说话。在《战神山议事会辞》中,我们看到伊索克拉底在对雅典人讲一个非常具体的问题,而这个问题并不和我们切身相关。我们是一群非常遥远的听众,而为了理解,我们必须理顺演说者与他的听众之间的复杂互动。演说者使用的论证很可能只是为了顺应听众和时局,在不同的场合、面对不同的听众,演说者的论证可能截然不同,虽然他最终希望达到的效果是相同的。一个麦加拉人会因为贪心而被怂恿去一个新岛殖民,一个斯巴达人会因为这是他展现勇气的好机会被怂恿去一个新岛殖民,而一个雅典人会因为荣耀而被怂恿去一个新岛殖民。最终的效果是相同的,但因为所面对的听众天性迥异,演说家必须

---

① 《斐德若》,278e—279b;西塞罗,《论演说家,同样献给布鲁图斯》,42。

使用完全不同的劝说工具。一个想要说服别人的人并不会那么感兴趣于记下只有能干的人才能理解的亘古不变的真理，他感兴趣的是如何让尽可能多的人像已经知道了真理那样行事。演说家的技艺在于足够了解人性，以至于能看人上菜，说服每一种人。有理有据的完美论证也许会合一些人的胃口，但对另一些人，不那么有理有据的论证也许更为有效。

要想理解这样一种书写，抽取那些看起来似乎在直抒胸臆的论述并没有什么帮助。相反，我们必须诉诸演说辞对听众的总体影响。这在某种意义上类似于阅读一部戏剧。除非作者明确将他自身和某个角色等同了起来，否则把角色的话当成作者本人的声音将是一个巨大错误。[170]阅读每一段言辞都必须考虑说话者和它的听众。读者必须时刻保持警觉，提醒自己这是一部戏剧，它的内容才是它的本质。阅读伊索克拉底的演说辞也是同理。他真的时常转换角色，并且总是在正确的时间以正确的方式说正确的话。把他看成一个头脑简单、平铺直叙的作者是我们一直以来的错误，在我的研究中贯穿着许多例子展现其精妙和复杂，它们已经证明了这一点。问题仅仅在于，如何确切地发现伊索克拉底所希望的阅读他作品的方式。如果我们能发现他的写作原则，就能可靠地确立那些疑难段落的含义，同时还能进一步确定伊索克拉底式修辞的本质，以及伊索克拉底选择修辞学作为其核心训练的根本原因。也只有通过这种方式，我们才能完全进入伊索克拉底的一个个谜团。

在讨论泛希腊主义的时候，我们已经注意到大致存在着两种伊索克拉底式的演说：一种旨在给出好的、严肃的实践建议，反对公共激情；而另一种旨在赞扬并承诺实现那些激情。前一种笔调冷淡，通常不会援引神话。它们自身不是劝说性的。如果把它们当真，它们也会大有裨益，但它们首先是批判性的。第二种笔调热情，语带希望。它们承诺一切，因而是修辞性的展示——表演性的（epideictic）——"表演性的"意思是，娴熟修辞学的所有迷惑性手段都会在这种演说中大放异彩。与这一差别相对应，[171]伊索克拉底关于书写本身的想法也会依言辞种类而有所差异。当他在提建议的时候，他倾向于鄙视书写。培养人的好习惯比教他们书写重要得多。书写是对话的不完全替代。以一种非常柏拉图式的方式，他抱怨书写下来的文字无法为自己辩护。无论如何，书写是人际交往的非常糟糕的替代。它被视为单纯传递信息的工具——然而能传递信息的并不止它一种。它是一种完全功利性的工具。另一方面，表演性的演说则都以赞扬修辞学和讨论书写开始。能够书写的人似乎拥有最重要的品质，一篇伟大的演说辞则是一件价值连城的作品。这是存在于泛希腊主义演说辞和非泛希腊主义演说辞的张力中的另一元素。在选择哪一立场方面，伊索克拉底的态度似乎非常模棱两可。他对真理的偏爱非常容易理解，但我们必须看到他在极力主张风格时思想有所转变，也就是说，我们必须注意他的特殊风格及其出现原因的谱系学发展。在我们的讨论中，我们必须时刻谨记，伊索克拉底从未离开"真理是最重要的东西，而修辞学是它的仆人""真理必须首先被理解"这一立场。他从未拒斥这一根本偏见，这将他与其他修辞学家区分开来。我们必须研究的是他对值得赞美的书写（praise-worthy writing）的偏好，因为在一个声称最看重真理的人身上，这种偏好似乎显得有些可疑。

[172]我们在讨论泛希腊主义的时候看到,建议性演说的真理性赋予了这些演说更高的政治地位。一个健康的共同体会欣然接受包含在《战神山议事会辞》中的建议,而一个演说家拥有普通的公共德性就已足够。风格优美的修辞则暗示,当前的社会状态是,人们不愿接受显而易见的共同善并试图彼此欺骗。在人们彼此友好和睦的社会中,并没有精妙的劝说的立足之地。然而在绝大多数现实状况中,人们不是这样的,因而简单的言说没有一点用处。

此外,从一开始,我就很清楚一点,那就是尽管所有人都认为那些给出建议的诗歌和散文最有用,他们聆听的时候却并不会有最大的愉悦,相反,他们的感觉和被人训诫时候的感觉一样。他们称赞训诫他们的人,但比起与让他们远离错误的人交往,他们更愿意与让他们犯错的人交往。在这个问题上,我们可以举出**赫西俄德(Hesiod)、忒奥格尼斯(Theognis)和福库利德斯(Phocylides)**的诗歌为证。人们会说,这些人给他们的生活提供了最好的建议,但是即便这么说,他们还是不选择按照这些原则来生活,而是照常过着愚钝的日常生活。此外,即便一个人从这些优秀诗人那里选取了所谓的"箴言",且这些"箴言"中融进了诗人最优秀的思想,人们的态度还是不会有什么改变,他们宁愿去听最廉价的喜剧,也不喜欢这些高度艺术化的作品。

然而,我为什么要花大量时间来讲述这些例子呢?因为,我们如果愿意从总体上考察人性,就会发现,大多数人并不因为那些最健康的事物、最高贵的行动、最好的东西,以及最有用的动物而感到愉悦。相反,在每一方面,他们都对那些于自身无利的东西感到愉悦,并认为那些做着自己应做之事的人是严苛的、热爱受苦的人。那么,一个人如何能一面向这样一些人提出建议、教导或者谈论有益的事情,一面又取悦他们呢?因为,除了我所谈及的他们那些特点之外,他们还忌妒那些聪明的人。他们把愚蠢的人看作性格坦率且真诚的人。此外,他们是如此逃避事物的真理,以至于甚至不知道自己的分内之事……①

[173]人们不喜欢被批评。批评越是切中要害,激起的愤怒就越大。在雅典,伊索克拉底和哲学都被人憎恶。当人们不愿意听的时候,话语本身是不会有任何效果的。这一点如此显而易见,以至于立下训诫的人会立马显得愚蠢无比,被人说成很傻、很天真。如果有人想要做成什么事,那他必须去找有钱有势,即拥有"那些唯一依照自然能说服人并让人乖乖从命的东西"的人。如果伊索克拉底的目的单纯是为了完成一个确定的、实际可实现的目标,那么他本应该做的是这个。但伊索克拉底在做的是训练人的德性,而如果他不想成为单纯的谄媚者,他甚至得知道如何和僭主打交道。在民主制城邦中,总是存在着能够被挽救,从而能过上更具反思性的生活的人,如果信息能够传达给他们的话。

和泛希腊主义一样,政治秩序的败坏同样给技艺的发展提供

---

① [中译者注]《致尼科克勒斯》,42-46。原注"《致尼科克勒斯》,456"误。

了契机。我们看到,在早前的时代,人们受到风俗习惯的庇护,这些风俗习惯帮人们回避了许多在危机时代他们要面对的棘手问题。这些道德危机,尽管它们自身全然不可欲,却激发了人们去讨论、探究是否有某种东西,它可以让人比一个好的城邦的法律更深刻地理解事物。或者换一种表达:也许城邦并不像生活于其中的人所看的那么好,它可能缺少它所需要的、可以让它变得完美的人性元素(elements of humanity)。泛希腊主义的根源正是这样一场危机,而它的解体预设了哲学以及一种对人性的更深远理解的发展,[174]这一发展能提供方法去建构一个比以往存在过的公民社会更完美的公民社会。从一个本身很低的处境和激情开始,新的潜能就彰显出来。在这种情况下,言说的问题催生出了劝说的技艺。《泛希腊集会辞》的优美,只不过是人们不愿接受《论和平》中的真理那一欠佳处境的结果。需要取得能让人相信的最简单的真理,这迫使人向人性更深刻的真理进发,掌控激情的需要也催生了对思想与言说之间关系的觉察。正是因为这样,伊索克拉底才赞扬诗歌技艺中所包含的理解。它能以一种布道永远无法做到的方式打动人。

很明显,那些想要做点什么或者写点什么来取悦大众的人,他们必须用的不是那些最有益的话,而是那些最难以置信、充满寓意的话。因为人们在听到这类叙述时所获得的愉悦,就像观看游戏或竞赛时一样。从这个意义上说,我们得非常钦佩荷马以及那些悲剧发明者的诗歌,因为他们洞察人性,并把上述两种形式很好地运用在他们的诗歌中。荷马在他的神话故事中描述了那些存在于半人半神之间的竞赛与战争，同时，悲剧诗人们也以竞赛和行动的形式具象化了那些神话故事，使这些故事不但能被我们的耳朵听见，也能被我们的眼睛看见。在这样一些例子面前，那些渴望引领听众灵魂的人必然会意识到，他们必须放弃劝诫与建议的行为，而必须去说他们所见的民众最感到愉悦的那类东西。①

诗人有取悦人而不遭人憎恶的本领。他们能看透不同人的性格，并找出最有可能打动他们的那些东西。任何旨在说服的修辞学如果想免遭民众妒忌，都必须分有这种能力。②［175］但伊索克拉底并非从单纯美学的角度去看书写下来的文字。单纯的优美或吸引力还不足以为一部作品正名。它还必须建立在对事物的一些正确理解之上。以满足听众的快感为导向会很快摧毁真正的美感。在笨蛋或坏蛋看来有吸引力的作品，在一个智慧或有德性的人眼里是丑陋的。而诗歌，虽然有着万般魅力，对真理或对其对象的深度却还不够重视。它的手段更像是遭严肃的人鄙视的空洞的诡计（empty tricks）。

虽然诗人的言辞和想法可能卑下，但他们却能通过韵律与和弦引领聆听者的灵魂。诗歌的力量可以从如下事实中看出：如果保留一首备受赞扬的诗歌的字词和思想，但去掉它的

---

① ［中译者注］《致尼科克勒斯》，48-49。原注"《致尼科克勒斯》，456"误。
② 《海伦颂》，56。

韵律,它就会比看起来的样子差远了。①

从本质上说,诗歌是有缺陷的,因为它并非建立在对事物的恰当看法之上。它可以误导人、使人败坏,让人从卑下或无用的东西中汲取快乐。这可以从伊索克拉底对荷马发起的心照不宣的竞争中看出。荷马是希腊的伟大导师,任何新的教育方法都必然始于对这位神圣教育者的批判。因此,伊索克拉底在赞扬荷马时有巨大保留。在伊索克拉底看来,荷马诗歌的真正价值在于,年轻人阅读它们时,会因为想要仿效他笔下的英雄们而被引向德性。② 然而,荷马笔下的英雄们也许从未存在过,并且他赞扬他们的方式会给读者一种印象——他在故意夸张。③ [176] 但比这更重要的是,事实上荷马笔下的英雄们根本不是真正的英雄。荷马笔下的英雄是一些勇士,但勇敢是最低等的德性。伊索克拉底通过他对特洛伊远征的真正领袖阿伽门农的赞美——这一赞美直接反对荷马——证明了这一点。阿伽门农因为他的明智而胜人一筹。他知道希腊人的利益是什么,他认识到特洛伊战争不是像荷马说的那样为了海伦,而是为了希腊的统一,这一点反映在阿伽门农的行为当中。④ 为一个女人争风吃醋这样卑下的原因根本不是特洛伊战争爆发的真正原因。特洛伊战争爆发的真正原因是文明对野蛮的优越性。阿伽门农是唯一认识到这一点的人。

---

① 《埃瓦戈拉斯》,11。
② 《泛雅典娜节演说辞》,159。
③ 《埃瓦戈拉斯》,6;《泛希腊集会辞》,168-169;《致腓力辞》,142-143。
④ 《泛雅典娜节演说辞》,74 以下。

为此，伊索克拉底为阿伽门农正名，反对荷马对阿基琉斯的偏爱。荷马没有认出真正的英雄。这一批判的潜在意图是要证明灵魂在人类事务中的优越性，并贬低阿基琉斯式的勇气，因为后者建立在肉体之上。伊索克拉底总会重新解读古代的那些伟大英雄，比如忒修斯和赫拉克勒斯，他会表明他们广受赞誉的勇气与他们的智慧相比其实是次要的。[1] 伊索克拉底的新式教育强调哲学，而这在以荷马为基础的学习中是永远不可能存在的。伊索克拉底是在引入一种新的看待事物的方式，为此，他必须找到能代表这种新方式的新英雄。隶属于战争的那些强劲的、男性的德性将被智慧的引领之光——[177]它们单独也能照亮那些更为古老的德性，让它们变得更可理解——所取代。

伊索克拉底对特洛伊战争的贬低也是同理。荷马笔下的特洛伊战争被认为是所有战争中最伟大的战争，被认为是最彰显人性的战争，被认为是承载了最大可能性的战争，被认为是最清楚地展现了希腊人与蛮夷之间差别的战争。一个人若要让关于另一场战争的书被严肃对待，若要把自身塑造成全希腊人的导师，他的主张就必须建立在更大的事件和更强的英雄之上。这一点在希罗多德和修昔底德那里展现得淋漓尽致，他们试图证明自己笔下的战争是比特洛伊战争更伟大的战争。他们笔下的战争更应被称作历史的顶点，而他们的书可以声称包含了一种教诲，它建立在对事物更深刻的理解之上。伊索克拉底遵循了这一传统，因此他总是极力

---

[1] 《致腓力辞》，109-110；《泛雅典娜节演说辞》，126-129（参《海伦颂》，18-38 以及下文对忒修斯渴望美这件事的涵义的讨论）。

贬低特洛伊战争，甚至极少提到它。① 他假装是那些超过特洛伊之战的战争的代言人，想要获得比阿基琉斯更多荣光的人必须跟随他而非荷马。他只能创造比特洛伊英雄们所获得的好处更多的好处，以此将人从荷马的影响下解救出来。他以两种方式做到了这一点。首先，就像他经常做的，他选择了最古老的事件作为他的标准。这样，在那些将传统等同于好、不喜欢新教诲的人眼中，他就成了一个捍卫传统的人。从这个角度看，比特洛伊的英雄们更古老的赫拉克勒斯和忒修斯，[178]就成了希腊人和蛮夷斗争的杰出代表。其次也更具革命性的，是伊索克拉底自己对抗蛮夷的战争，那将会是有史以来最伟大的战争，它所带来的荣光将不会被其他任何战功所盖过。② 这是真正意义上的伊索克拉底式的战争（Isocratic war），他从根本上背离了传统——因为荷马、希罗多德和修昔底德写的都是已经发生了的战争，他们是从已经发生了的东西中汲取智慧。但伊索克拉底发起了一场战争。它的伟大由伊索克拉底的智慧所造就，并且话语出现在了行动之前（the logos comes before ergon）。因此，伊索克拉底的教诲非常新，它当中所包含的政治对哲学的预设远远超出了前苏格拉底哲人的想象。他表明，伟大并不取决于历史处境，而是取决于人自身。

在《埃瓦戈拉斯》中，伊索克拉底发明了一种诗歌，这种诗歌既

---

① 《致腓力辞》，112；《泛希腊集会辞》，83；《埃瓦戈拉斯》，65（伊索克拉底并不真的认为埃瓦戈拉斯要比特洛伊的英雄们更伟大，但当他打算让一个人显得伟大时，他选择贬低的总是荷马笔下的英雄）。

② 《泛雅典娜节演说辞》，189 以下；《泛希腊集会辞》，66 以下；《致腓力辞》，140 以下；《泛希腊集会辞》，182 以下。

有旧式诗歌的说服力,又包含了他对真理的理解。他说,对过去诗人及他们笔下英雄的赞美已经产生了两种很坏的影响。人们不再寄希望于被赞美,因为所有最好的东西都属于过去,不管他们做得多好,他们都不可能得到他们应得的荣耀。这样一来,作出伟大政治行为的抱负就被磨灭了。伊索克拉底发誓要矫正这一情况,他向那些渴望荣誉的人表明,只要他们跟从他所树立的标准,他就能为其写出颂词,帮助他们在民众中获得好名声。这样,他就能让那些心灰意冷的人重新燃起斗志。其次,对旧式诗歌的赞美阻碍了技艺的进步。[179]技艺需要不断创新。这也许是伊索克拉底唯一最强有力支持进步的论辩,而这与他一贯小心谨慎的保守主义作风形成了强烈的反差。[①]

《埃瓦戈拉斯》是一篇技艺精湛的颂词,彰显了伊索克拉底的能力。埃瓦戈拉斯究竟是否真如那篇颂词所言,这并不重要,重要的是伊索克拉底做到了变废为宝。实际的真相是埃瓦戈拉斯本可以成为这样一个值得赞美的人。不管埃瓦戈拉斯的真实生活是怎么样的,对年轻人来说,读到伊索克拉底所展现的光辉的埃瓦戈拉斯要更为有益。伊索克拉底事先已认定了那些德性的价值,因此历史事实并不重要。伊索克拉底能够让一个不配得到名声的人扬名立万,这证明了他的伟大技艺。他在这点上模仿了荷马。但他的颂词还有两个优势:第一,他笔下的颂词向被赞美者承诺了他所能得到的更高的赞美;其次,他为被赞美者所写的颂词要比荷马的更为真实。他笔下的德性更像是灵魂的德性。最后,这样一种修辞力量的

---

① 《埃瓦戈拉斯》,5以下。

最终结果是,不但一些人会在他们的政治实践中变得更有德性,而且另一些人还会去阅读和思考他为他们所写的颂词,并被哲学所吸引。

伊索克拉底的诗歌试图主导曾被《伊利亚特》所主导的人的灵魂。这一力量建立在对激情的操控之上,同时它还向人们展示了一种看待事物的方式,这种方式彻底成了他们的一部分以至于他们根本无法逃离。[180]它对这些半傻半聪明的头脑所做的事,就有如迷信对原始人所做的事。它自身并非全部的真理。它只是部分的真理,但却布满迷人的陷阱,陷阱中有渴望快乐和名声的人所需要的一切。泛希腊主义就是这一技术最好的例子。人们因为各种原因想要保护希腊主义,这些原因从单纯的"想要看游行",到疯狂的"想要成为神",不一而足。合奏由那个知道如何让每一样事物各居其所的修辞学家编排。这是在哲学理解的框架中复兴荷马史诗。在一段关于出类拔萃的提摩忒乌斯的非常有意思的段落中,伊索克拉底总结了之前说到的一切:

> 我相信你们当中的大部分人都会对我说的感到惊讶,认为我在赞扬他[提摩忒乌斯]的同时是在谴责雅典,因为他在占领了如此众多的城邦且从未失守过任何一个城邦之后,竟被处以叛国罪。其次,当他提交战争总结报告时,伊菲克拉底(Iphicrates)主动承担了那场行动的指挥责任,门尼斯特乌斯提交了资金的支出情况,他们都被宣布无罪,然而提摩忒乌斯却被处以一笔史无前例的巨额罚款。然而,事实是,我也渴望站在雅典一边。若你们以公正无私的标准来考量城邦的行动,任何人都只能得出这一结论,即提摩忒乌斯所遭受的待遇

的确是残酷和荒唐的。若你们承认无知、愚昧主宰着人类世界,妒忌指导着我们的行动,或者进一步说,承认我们生活在困惑和混乱之中,你们就会发现,没有任何一件已发生的事情是无缘无故的,这些事情的原委也都可以从人性中得到解释。从某种程度上说,提摩忒乌斯也应为那些降在他身上的错误评判负责。尽管他不是一个反民主者、厌恶人类者、傲慢自大者或有着其他诸如此类缺点的人,然而因为他的灵魂伟大,每个人都认为他犯了我刚谈及的所有罪责,因为这种高尚品质对担任公职的将军而言虽是一项优势,却不适合在日常生活中与人交往,因为他生来无法在法庭上赢得众人支持,就像他与生俱来具备处理城邦事务的天赋一样。

的确,我和其他人经常建议他说,处在政治生活当中的人和渴望受人爱戴的人必须接受一个原则,即做最有用和最高贵的事,说最真实和最正义的事。然而,与此同时,他们也不能忽略学习,[181]并要思考怎样说和做才能使人们相信他们是亲切而富有同情心的。因为不关心这些事情的人都被同胞视为令人讨厌和不快的。"你要知道,"我会这样对他说,"民众的本性,极易受奉承者的影响,比起为他们寻求利益的人而言,他们更喜欢投其所好者。他们更喜欢表面上有着愉快的笑容和兄弟般的感情,实际上自欺欺人者,而不是那些以高贵和节制为他们服务的人。你从未关心过这类事务,因为你认为,只要勤勤恳恳地打理邦外的事业,家乡的人们就会高度评价你。但实际情况往往相反。若你取悦雅典的那些人,不论你做什么,他们都不会根据事实来评价你,而是用一种有利于你的方式来解释；要是你犯下错误，他们会当作没看见，一旦你成功了，他们会把你捧上天。因为善意对所有人都有这种影响。

"虽然你希望用各种力所能及的方式为雅典人赢得全希腊其他城邦的善意——因为你认识到这种善意带来的巨大利益——但是你从来没有认识到，你自己也需要来自雅典人的善意以保全自己。不但如此，你这样为城邦做出无法估量的贡献的人，在雅典的地位甚至不如那些从未做过任何引人注目之事的人。

"我这么解释你就明白了，因为他们培养公共演说家和那些在私人聚会中侃侃而谈之人，以及那些百事通之辈。而你，不仅忽视这么做的必要性，还和那些不时最有影响力的演说家公然决裂。

"我想问问，你是否想过有多少人因为这些演说家的歪曲而遭受不幸、失去名誉和公民权？有多少我们的先辈变得默默无名，尽管他们远比那些在歌曲中、在悲剧舞台上受赞扬的人优秀？可是你看，后者有诗人和史家为他们唱赞歌，而前者却绝不会受到他人的赞美。因此，如果你听我的话并且还有理智，你就不要小瞧这些为大众所信任的人，这种信任不仅涉及那些与他们有关联的公民同胞，也牵涉到整个城邦的事务。相反，你会以某种方式表现出对他们的关注，并与他们交好，这样，既由于你自己的行动，也由于他们的言论，你就会获得良好的声誉。"

当我这样劝告他时，他承认我是正确的，但他改变不了自己的天性。他是一个君子,是雅典乃至整个希腊都可以信任的人,但他不能降低自己而使自己成为那种不能容忍天性更卓越之人的人。[182]所以,那些演说家不断制造错误的指控以反对他,民众也盲目听信这类指控。①

不管我们是否把这段文字看成对提摩忒乌斯和伊索克拉底本人共同处境的描摹,有一点很清楚,那就是伟大与公民社会的平庸化效应(vulgarizing effects)之间的斗争这个问题超越了单纯的对提摩忒乌斯的迫害,它和政治事物的自然本性有关。提摩忒乌斯是一个非常伟大的人,他是雅典的恩人,但他的恩泽却遭到所有人的憎恨与谴责。这绝不是偶然,它是人性本身造成的必然结果。提摩忒乌斯是一个骄傲的人,而平庸之辈不相信这类人。他和他们太不相像,以致他们害怕他并不是真的在为他们的利益而努力。就像公民社会不能同化人性中最低等的那些,它也很难为人性中最高等的那些找到栖身之所,因为共同生活要求某种程度上的平等和同甘共苦。一个像提摩忒乌斯这样的人,似乎生来就不喜欢一般人感到快乐的东西,也瞧不起民众。他高贵朴实地认为,如果他致力于最重要的外交事务,并在那方面表现突出,那么他自然会受到民众的爱戴,然而事实却恰恰相反。一个人必须知道如何讨好民众,不然所有德性在这个世界上就会变得毫无意义。在政治上取得成功的关键是名声,一个假装热爱民众的人比提摩忒乌斯更有可能推行他的政策。公民们的善意让他们在判

---

① 《论财产交换》,129-138。

断人的行为时完全是非颠倒。因此,[183]成功的政治家必须让自己看起来是民众中的一员。他不可吓到他们。只有两种方法能做到这一点:要么真的将自己降到普通人的级别,要么必须找到一种技术,既能保持他的真诚,又能让他看起来像是一个全心全意的平民。

因此,需要的是一种温和的骗术——这种骗术能让一个人在跟从真实天性的同时显得是在满足公众的整个需要——一座沟通最高的善与公共生活中有限度的善的桥梁。而拥有这一珍贵技艺的正是那些演说家和诗人们。他们扯着公众的耳朵,能随自己所愿,让人出名或受到爱戴。他们自身是堕落败坏的,并且认可那些平庸的标准。快乐是他们的目标。但那些被他们歌颂的人,不论好坏,都会变得出名并受人爱戴。伊索克拉底总是告诫提摩忒乌斯要和这些人交好,后者的悲剧就是疏忽了这一点的结果。而没有得到这一政治审慎的必要附件是他的过失。伊索克拉底在这段文字中告诉我们,他有多么了解谄媚在政治生活中的必要性,以及为那些哪怕是生活中最实际的东西编织话语的重要性。他不像提摩忒乌斯那样无知。正因如此,我们就能理解伊索克拉底本人的诗歌或修辞了,也能很容易地看出为什么他要如此强调名声这一维度。这并不是说书写或名声本身是最需要的东西,但当一个人在政治领域——所有有意义的事件和大量思考就发生于此——实践或言说时,它们是明智的核心。为了保护自己的将军身份——[184]他的将军身份和提摩忒乌斯的一样备受怀疑——伊索克拉底发明了一种技艺,这种技艺分有了诗人的力量,却没有分有它的败坏,即粉饰卑下的东西。这是他的力量,而这也解释了为什么他最具寓言性的演说辞是他最重要的演说辞,且我们必须比对待他的阐述更严肃地对待他笔下的神话。他正是通过神话表达了那些如果他没有做得那么小心谨慎本来会让他面临真正审判的真理。

最具寓言特征的表演性演说是最严肃思想的传达工具。表演性演说外表虚荣而内容空洞。但因为人的虚荣,其自身的虚荣表达了哲学的政治问题。对表演性演说模式的传授出现在《泛雅典娜节演说辞》结尾的奇妙对话中。在演说辞宣读完毕之后,所有学生,除了一个,都像演说表演会上的听众那样欣然同意。①他们对那美化他们城邦——从而也是美化他们自己——的神话感到满意。他们喜欢那篇作品的感官品质(esthetic qualities),并且似乎对它如痴如醉。一个学生不由得去反思那篇演说辞,并对其做了一番相对深刻的评价。这类演说收获的反应是双重的:它不但取悦了大多数人,同时也让一小部分人变得更智慧了。这一差别是接受神话的人与提出疑问的人之间的常识性差别,即普通人与聪明人之间最无可避免的差别。前者满足于神话,而后者则被引导着去发现神话不足的地方——诸如此类的行为永远是哲学的根基。

[185]那个学生说,伊索克拉底之所以召集学生来听那篇演说辞,是因为他想要测测他们,看他们是否还记得从他身上学到的东西,是否还忠于哲学。学生们已经学会了评判各类演说辞,而伊索克拉底想要知道他们是否会继续那么做。伊索克拉底出

---

① 《泛雅典娜节演说辞》,233 以下。

于审慎选择了取悦雅典人,但同时又希望以这种或那种方式保留斯巴达生活方式的尊严,因此他同时展现了这两种生活方式的真理。他希望在教导那些易受影响的人的同时又取悦那些冥顽不灵的人,因此,

> 为取得这种效果,你很容易地发现含有双重蕴意的论据既不适合赞美也不适合谴责,因为它能从两方面进行解读且容易引起很多争端。把这种论据用在订立契约或不当收益上,是可耻的,是十足败坏的象征。但是,它若被用在讨论人和事物的自然本性上,便是高贵的和哲学的。①

这和苏格拉底辩证法的意图异曲同工——暗示、指引、唤醒、激发对话者的洞察力,将话语转换为经验。它跟那种被用在卑下的修辞学中的是同一种技术,但当它被用于促进讨论事物的自然本性时,它的品质就发生了改变。它激发人们去讨论有关"是什么"(ti esti)的高贵问题——这也是暗含在辩证法当中的。演说辞虽然不是辩证性的,却是辩证法的诱因和助手。正如我们所见,《泛雅典娜节演说辞》事实上真的做了许多那个学生说它做的事。它严厉地批评了雅典而赞扬了斯巴达,如果说没有那个学生说得那么强烈,那至少它偏爱斯巴达的政治秩序多过雅典的。[186]虽然那个学生没有看见全部,但他的看法总体而言是对的。由于人不喜欢被批判而喜欢被赞美,因此要做的就是赞美他们。伊索克拉底对雅典人就是这么做的。当然,一个有思想的读者会看到这

---

① 《泛雅典娜节演说辞》,240(参《埃瓦戈拉斯》,74)。

种赞美底下包含着批评,并且它事实上关乎那种如果直说会激怒其听众的东西。看出伊索克拉底是在批评雅典人的行为的人,也能进一步发现为什么伊索克拉底认为雅典是有缺陷的——雅典的政治制度(politeia)——他甚至能学到建立一个好的政治制度所需的那些僭政前提(tyrannical pre-conditions)。一切都很清楚直白,除了实质被蒙着一层静默的外衣。而这还只是冰山一角。演说辞的主题从诗歌一直延伸到诸神的自然本性。但我们必须用思考去发现——任何真正的理解都是如此。

在《论财产交换》中,伊索克拉底试图通过分离从不同演说辞中引来的话,来表明他既是一个爱国者,又是一个在道德上持批判态度的人(morally critical)。这是为了在培养僭主和败坏青年的指挥面前捍卫他自己。在《泛雅典娜节演说辞》中,他说明了如何同时达成两个目的——即使是在这两个目的彼此冲突之时,比如爱国主义与哲学。那个学生说到了这点:

> 对于那些粗略浏览的人,它[演说辞]会显得简单且容易理解,但是对于那些仔细研读并且想要发现其他人未能发现之物的人,它会显得非常困难且难以理解:充斥着大量历史和哲学,并且到处都是微妙的表达和谎言(pseudologia)——不是带着邪恶意图的人用来危害其同胞公民的那种谎言,而是有能力取悦听众或能通过教育给听众带来好处的人所用的那种谎言。①

---

① 《泛雅典娜节演说辞》,246。

[187]在《泛雅典娜节演说辞》的开头,伊索克拉底暗示他将使用谎言与神话(pseudologia kai muthodes),①因此那个学生几乎不可能全错。

这一切的顶点是演说辞末尾那段以伊索克拉底自己的名义说的话:

> 我想赞美听众中那些由衷认同这篇演说辞的人,以及那些认为教导性的和有技巧的演说辞要比表演性的和用于庭审的演说辞更严肃也更具哲学性,喜欢那些以真理为己任的演说辞而非那些寻求误导听众的演说词,喜欢那些指责我们的错误并劝诫我们的演说辞而非那些取悦和讨好我们的演说辞的人。另一方面,我想建议在这些事情上持相反意见的那些听众。首先,别相信自己的观点;[其次,]也别认为那些好好先生(the easygoing)做出的判断就是真的;最后,不要匆忙地对自己还不了解的事物发表见解,直到能和那些非常熟稔表演性的演说辞(ton epideiknumenon)的人意见一致。没有人会认为如此这般管理其头脑的人是愚蠢的。②

[首先,]伊索克拉底否认这篇演说辞是表演性的,并说它有教诲的目的,这意味着我们关于什么样的演说辞应该被归为表演性演说辞的观念要更新了。不仅仅像《论和平》这样的演说辞,还包

---

① 《泛雅典娜节演说辞》,1。
② 《泛雅典娜节演说辞》,271-272。

括《泛雅典娜节演说辞》,甚至所有所谓的表演性演说辞,可能都不能算作表演性的演说辞。其次,这篇演说辞虽然充斥着谎言,却是以真理而非好名声为目的,并且它的指引避免了取悦于人。要不是这样的演说辞具有双重性质,这一切似乎都会显得难以置信和不切实际。(所以我们能够很容易地理解,这种演说如何能做到比那种直言不讳且不能筛选听众的演说辞更能传达真理。在这点上,柏拉图说得最好:[188]"……应该按相同的方式理解灵魂的天性,找出切合每种天性的言辞形相。应该这样来立言和遣词:给复杂的灵魂提供复杂、和音齐全的言辞,给单纯的灵魂提供单纯的言辞——在这之前,一个人没可能有技艺地掌控言辞这个族类……"①表演性的演说辞是适合所有灵魂的复杂现象)。再次,这段文字告诉不知道如何阅读这类演说辞的人应该以什么样的方式开始阅读它们。最后,伊索克拉底指出谁才是这些事务的真正评判者——在作表演性演说辞方面非常有经验的人,即他自己——从而解决了整个问题。

要让这些结论更有分量,我们可以看一看《海伦颂》。在那篇演说辞中,伊索克拉底给出了所有他用来为政治演说辩护的原则(一是打击好辩者,二是有必要转向研究那些他们用来管理自身的诸事物),并说演说者必须转向重要的主题。紧接着,他不无骄傲地以自己的作品为例。那篇演说辞将演说辞的表演性发挥到了极致,常有评注说那是一篇相当琐屑的演说辞。但就是这样一篇演说辞,这样一篇被他的原则所正名了的演说辞,伊索克拉底认为它

---

① 柏拉图,《斐德若》,277。

非常重要。在伊索克拉底其他任何一篇演说辞中,包括那些看起来极有分量的演说辞,都不存在如此坚实的辩护。我想不到还有其他什么场合,伊索克拉底曾如此清楚地说出"这就是我所做的"。① 要想严肃地对待《海伦颂》前面的那部分引言,就要尽可能深入地解读神话,因为它是引言中提到的那些总体原则(general rules)的产物。[189]《海伦颂》的神话是比《战神山议事会辞》更高层次的政治话语。一篇《海伦颂》这样的神话,如何能成为一个从研习无意义的东西转向研习最伟大的政治事务的人的代表作?除非一个人已经完全理解这个问题,否则,说他理解了修辞学对伊索克拉底的意义,就是痴人说梦。

三

伊索克拉底有一些演说辞是讨论哲学的,并不直接服务于劝说雅典人或僭主。这些作品包括《布希里斯》(Busiris)和《海伦颂》。它们看起来是处理哲学内部问题,而非处理任何具体政治目标的作品。它们是好修辞学的代表,写来批判坏修辞学的。解读

---

① 古代人对表演性演说辞的重要性并非一无所知,关于这一点,可参哈贝尔(Harry M. Hubbell)的一篇文章,《伊索克拉底与伊壁鸠鲁主义者》,Classical Philology,卷 XI(1916),405。尽管哈贝尔的绝大多数论点相当模棱两可,然而他所援引的菲洛德谟斯(Philodemus),一个公元前 1 世纪的伊壁鸠鲁主义者,颇具指导性。关键点在于,尽管菲洛德谟斯否定了伊索克拉底的政治演说——这对一个伊壁鸠鲁主义者来说是很自然的——但他认为伊索克拉底的表演性演说对学习和模仿有着巨大价值,换言之,伊索克拉底的表演性演说有价值,是由于哲学的原因而非政治的原因。

者必须转向的正是这两部作品——如果他希望最清楚地展现伊索克拉底的成文理论立场的话。

1*

《布希里斯》这个题目揭示了它的许多特点。伊索克拉底竟然选择赞美一个最可憎也最可鄙的古代人物,一个被维吉尔视作无可赞扬者之标杆的、只拥护恶的人,②这点实在叫人吃惊。也因为如此,[190]伊索克拉底可以算作赞美过恶的人之一。然而我们可以在这个意义上为他辩护:他仅仅是在回应另一个人所作的一篇笨拙的赞美辞。这"另一个人"就是波利克拉底(Polycrates)——他的公道和不幸伊索克拉底只是道听途说,但他的作品伊索克拉底却真的读过,并感到相当难以苟同。伊索克拉底觉得,对那些被迫靠研究哲学赚钱的人畅所欲言,乃是拥有更多经验和训练的哲人的责任。他把他的演说辞看作给波利克拉底——他大概靠他的演说辞赚钱——的免费礼物。他很乐意修正波利克拉底关于哲学的总体观点,但由于那只能在私人对话中实现,所以他决定写信纠正波利克拉底的巨大错误。

因此,《布希里斯》是一个哲人写给另一个哲人的、直白地讨论哲学的一封信。然而,伊索克拉底觉得,出于某些原因,他必须对其他人隐藏他的想法,这样,在波利克拉底看来十分清楚的东西在

---

* 有关《布希里斯》和《海伦颂》的那些章节与逐行评注(running commentaries)类似,因此我不会附上具体的文本出处,除非为了避免不必要的重复引用。

② 《农事诗》,3.3。

他的其他同代人——更不要说现代解读者了——看来就不会那么清楚。他故意让他的意思显得云缠雾绕,因此我们必须仔细对待。此外,我们也不能自信地认为他在和波利克拉底本人讨论时就是完全直接的,因为伊索克拉底知道批评会在所批评的对象身上激起敌意,所以他必须设法平息那种情感。

波利克拉底已经为布希里斯做了一番申辩,并指控了苏格拉底。我们能从这一事实中对波利克拉底的道德定位有所了解,即他是纯粹邪恶的赞美者和苏格拉底的诋毁者。指控苏格拉底几乎是必然的,如果他是一个逻辑一贯的布希里斯的赞美者的话。这是一出《爱丽丝梦游仙境》(Alice in Wonderland),上下颠倒的世界,[191]而伊索克拉底毫无怨言地就走了进去。他没有质询赞美和责备的对象,而只是说波利克拉底不知道如何赞美和责备,搞混了两种形式的话语。所有人都知道,当一个人要去赞美另一个人时,他必须让赞美对象看起来比实际所是的样子好,而在指控的时候则相反。波利克拉底做得恰恰相反。其他指控者只说到布希里斯用异邦人献祭,而波利克拉底却添油加醋地说布希里斯还吃掉了他们。而在试图指控苏格拉底方面,波利克拉底则说阿尔喀比亚德是苏格拉底的门生。这事实上是颂扬,因为每一个人都会同意阿尔喀比亚德比所有人更杰出,而没有人曾看到阿尔喀比亚德在苏格拉底那里受教育。这是伊索克拉底著作中唯一一处提及他那伟大导师的名字,正巧也是在指控这一可怕的语境之中。尽管《布希里斯》明显是一篇旨在修正波利克拉底错误的作品——既要修正他对布希里斯的赞美,又要修正他对苏格拉底的指控——但对苏格拉底的指控却不再被提及。读者将不得不自行预测伊索克拉底本人对苏格拉底的指控会是什么样的。

从本质上说,伊索克拉底对波利克拉底的批评只有一条,那就是他的道德品位太过堕落。他不知道什么是赞美。他以为粗鲁的仇外(xenophobia)是正当且值得赞扬的。伊索克拉底对此感到震惊。他认为如果布希里斯知道波利克拉底说了什么,他会——不管他如何对待其他人——毫不犹豫地吃了波利克拉底。因此,伊索克拉底不得已要给波利克拉底一次道德教育。他必须向波利克拉底展示真正值得赞扬的究竟是什么。如果布希里斯是一个潜在地值得赞扬的人,[192]他必然已经做过那些伊索克拉底归给他的行为,否则,他就没法得到辩护。而正是由于这个原因,《布希里斯》至关重要。它以一种非常公开的方式,在一篇直接指向哲学教导而非政治劝说的话语中,向我们提供了评判伊索克拉底所理解的善的标尺。《布希里斯》是一篇完美的赞美,我们借此能看到什么是最好的生活方式。伊索克拉底说他的主题无甚价值,这并不表示他认为他在做的事就真的无足轻重。他说的仅仅是,赞美布希里斯不是什么正经事,但高贵的行为是正经的,因此他的赞美是对最重要的东西的本性的一次讨论。

布希里斯有着最好的出身,他是宙斯和波塞冬的后人,而他的母亲在利比亚是一个伟大的女性统治者。因此,在血统方面,他融合了最高的神圣性,而在他那个种族中,即使是女人,只要达到了人性所能达到的最高高度,也能够统治。然而,他不相信运气造成的结果足以为他的存在正名。他认为有必要为自己的德性留下一座永恒的丰碑。因此,他鄙视他在利比亚的血统,而盯上了更伟大的东西。他征服了埃及,这是他思虑再三之后的选择,因为在他看来，埃及是全世界最适宜建立好政府的地方。埃及之所以是建立理想政府的理想场所，是因为它能让它的子民不靠那反复无常的宙斯的帮助而生活。只有在埃及——因为尼罗河的关系——人们才能同时享受一片大地的富饶和一座岛屿的保护。

这仅仅是创造一个正义秩序的物质前提。[193]好的生活需要足够的空间生活和充足的食物支撑。这些是必要条件，但它们自身不足以制定出一个存在的高标准。它们必须被用于一个政治共同体的统筹安排。它们还需要灵魂，即政治制度。而政治制度只能来自伟大的建国者。所有的好东西都有赖于秩序的充分性，该秩序旨在照顾到城邦中的所有元素。在这方面，布希里斯也没有让人失望。征服埃及仅仅是他恩惠的起点。他将人民分成了三个阶层，而这是埃及幸福生活的基础。第一个阶层的起源最为清楚——提供生活的必需品。它由农民和工匠组成，接着布希里斯看到，对这一阶层最坚实的保护来自实践军事德性与虔敬。因此，这两种保护性的元素成了其他两个阶层的起源。一个旨在保护农民的固定阶层，军人，就形成了，而虔敬的代表则是牧师。埃及是一个巧妙地结合了生理需要的满足、自我保护和诸神保佑的国度。

在粗略地给出布希里斯的统筹安排之后，伊索克拉底进而详细地讨论起每一阶层的职能。他尤其强调并重点讨论了牧师以及他们所代表的虔敬。他首先讨论了工匠。公民的数量被限制在一个有益的数字（beneficial figure）之内而从不允许超出这一数字。因雅典式的混乱而产生的问题永远不会出现在埃及。[194]然而，更重要的是布希里斯的另一规定，即每个人只能有一门技艺。这一安排确保了埃及人具有一种其他地方所没有的技艺上的优越性,因为其他地方的人民都是三心二意的。一系列机制保护了这种一心一意的稳定性,这些机制是如此出色,以至于所有想要谈论政治的哲人都不得不选择埃及人的政治制度作为蓝本。更令人吃惊的是,斯巴达人之所以是所有民族中管理得最好的,是因为他们模仿了埃及系统中的一部分。

从这一陈述中,我们第一次清楚地看到了伊索克拉底用在政治事物上的终极标准。他对政府的评判并非简单地建立在他本人反复无常的判断或他所处时代的迫切需求之上,而是建立在他经常说的东西之上,即为了知道此时此地的善,纯然的善(the simply good)也必须被知道。缺乏这类知识,就不可能理解当下的事件,也不可能知道一个人的目的。在这篇对布希里斯的简短赞美中,伊索克拉底不可思议地勾画出了一个纯然好的社会秩序(simply good social order)——它让其他社会秩序中的相关德性有了意义。就像我们之前已经表明的,雅典并不在任何可接受的政治秩序的范围之内,因为它没有政治家们渴望的那种必要的稳定性。与此同时,斯巴达则被视为拥有某种程度的高贵,这种高贵让它成了所有现存城邦中最好的。然而,它可能会招人批评,说它让正义自身受到了质疑。[195]伊索克拉底在这里向我们讲述了斯巴达可敬的一面,但也向我们解释了斯巴达政制的缺陷。斯巴达政制借鉴了一种真正好的政治制度,其连续性和力量都归功于这种真正好的政治制度。斯巴达人意识到只有力量才能够保护和保存城邦,因此它们模仿了布希里斯制定的军事制度。然而,这其实只是布希里斯制定的那些制度中次要的一部分,并且如果斯巴达的军国主义普及开来,以至于所有城邦都实践这种军国主义,那么那个经常被讲述的故事——所有人反对所有人的战争——就会成真。由此得出的道德结论就会是,正义就是强者的利益,而各种原则之间没有高低贵贱之分。但布希里斯自己的政治制度尽管包含了这一必要的军人阶层,其建构方式却使更高目的能够在其中得到保存。他的军事力量是实现这些目的的手段。力量显然是必需的,但他并没有沉浸其中以至于忘了它只是一个工具。因此,埃及的政治制度代表了正义和人的目的之间可能出现的同一,或者换句话说,它证明了人可以在城邦中保有在家(at home)的潜能。这正是柏拉图在《理想国》中做的,两个人的解答如此相似,叫人吃惊。在这篇不起眼的作品中,伊索克拉底就那个因雅典和斯巴达之间的张力所产生的问题给出了实践性的回应。我们必须认识到,当维拉莫维茨(Wilamowitz)说伊索克拉底从未在讨论当时的政治秩序时抬头看看天上的范式时,他言之有误。[1] 所有伊索克拉底的作品都表明他看了,[196]并且《布希里斯》还暗示了——如果不是明示——那一范式的自然本性。

斯巴达政治秩序所缺乏的似乎是祭司所履行的角色。尽管祭司被视为支撑政治秩序的虔敬的代表,他们自身却并未被表现为拥有虔敬倾向的人。祭司是培养智慧并在这方面对埃及的名声负责的人。祭司从宗教收益中收入颇丰,并拥有大量的闲暇,因为他们不用履行其他所有公民的职能。伊索克拉底提到的他们唯一的

---

[1] 维拉莫维茨(Ulrich Wilamowitz-Moellendorff),《柏拉图》,第2版,Berlin:Weidman,1920,卷1。

德性是节制。正是因为他们活得十分悠闲、节制又轻松,他们才能全身心地投入他们的研习当中。他们为肉体发现了一门差强人意的药物科学,而为灵魂发展出了有能力立法并研究事物之所是的哲学。这也是伊索克拉底说过的最具启发性的话之一。他在这里限定了哲学应该被实践的程度,比在他著作的其他地方更精确。对伊索克拉底来说,哲学绝不像人们所认为的那样和尘世紧密相连。哲学关注存在之物的自然本性,就像它关注人类事务的自然本性一样合理。哲学是关于整全的科学,而我们在这段小心保护的文字中可以清楚地看到,伊索克拉底对形而上学乍看之下的轻蔑其实有很多的修辞成分在里面。哲学的政治职能是立法,而这一职能大概至少部分地有赖于存在者的自然本性,[197]至少在布希里斯这儿是这样。① 政治哲学和统治人有关,但和制作演说辞无关。在所有这些当中,没有任何地方提到作演说辞。从某种意义上说,这里的哲学与我们从苏格拉底和柏拉图那里继承来的传统意义上的哲学别无二致。修辞学唯一的家园似乎是在作辩护和作指控之中——处在政治与哲学的某种关系之中,而非在哲学自身之中。

布希里斯把领导最要紧事务的任务委派给了这些哲人-祭司(philosopher-priests)中较年长的那些。这样一来,埃及就处在哲人王的统治之下,在那里,哲学和政治完美地结合在了一起。斯巴达缺乏的是能单独确保它正义的智慧的统治。伊索克拉底寻求的那

---

① 要选择埃及作为他的城邦,布希里斯必须知道宇宙的本质,参《布希里斯》,12。

种结合了雅典的智慧和斯巴达的政治才能的城邦，只可能在一个哲人掌权的城邦中找到。最好的政治方案是一个有着三个固定阶层的城邦：一为工匠；二为军人；三为哲人。这样一种解决方案所唤起的回忆太过强烈，以致无需强调。

年轻的祭司被劝说要远离快乐（就像伊索克拉底的年轻学生们，关于他们的研究，《论财产交换》没有告诉我们任何东西）以便投身于对天文学和几何学的研究。在这里我们看到伊索克拉底明确认可了这些研究。它们是适合最有天赋的年轻人的研究。[198]《论财产交换》和《泛雅典娜节演说辞》中语带保留的观点，即数学和天文学或许是正当的研究，在这里得到了完全的肯定，它们确实是恰当的研究。它们自身不是完满的学科（complete disciplines），它们是为年轻人准备的学科，这一限定和柏拉图的观点并不冲突。这些科学是哲学的预科，和哲学并不等同。就像我们之前已经说过的，伊索克拉底对几何学和天文学语带勉强的评价事实上有为它们辩护的效应。伊索克拉底轻蔑地说它们仅仅对年轻人来说是好的，这其实是在要求城邦支持它们。这里他事实上以肯定的语气重复了这一点。如果《布希里斯》真的写于伊索克拉底的早年，就像一般认为的那样，那么它将是证明伊索克拉底的思想自始至终从未改变的证据。

对布希里斯的小小赞美以对埃及人的虔敬的歌颂收尾。这是伊索克拉底作过的最重要的阐述之一，因为它清楚地表明了一种德性的地位。虔敬是对诸神的关切，并且它是政治社会最重要的堡垒之一。伊索克拉底说，那些佯装自己有某种德性而事实上没有的人伤害了受他们蒙骗的人，但那些对诸神尽责，让诸神的惩罚看起来比其实际之所是的更切实也更无处不在的人,则是人类的最大施惠者。因为,那些最先让人产生敬畏的人是使我们不以纯粹的兽性对待彼此的原因。因此伊索克拉底意识到,共同体对宗教所持的看法是一种于人有益的"半真理"(half-truth)。[199]人必须对事物的永恒秩序感到敬畏,否则就会被激情带跑。然而在我们生活的世界里,大多数人靠着他们孤立无援的理性并不能清楚地看到自身的职责所在。正义的人可以无条件地等同于幸福的人这一点并不总是那么显而易见。人们知道太多得逞的不义了,以至于他们很难说服自己耐心地等待善之报偿。没有一些对作为世俗正义之补充的超自然的东西的信仰,公民社会很难正派地存在。① 我们需要某种面对宇宙之伟大时的高贵的敬畏,以确保那些单靠自然之光还不足以让自身行为得体的普通人做到行为得体。因此,布希里斯是宗教的捍卫者,他强迫他的人民尊敬诸神,从而使他们成了所有民族中最虔敬的民族。伊索克拉底在这里将宗教用作支撑好的社会秩序的工具,他对宗教的使用从没超出过这一职能范围。那些宗教神话不是真的,只是有益的。这并不表示它们里面不存在关于事物自然本性的核心真理——它所催生出的行为要比非哲学的无信仰者(non-philosophic non-believer)的行为更与真理相一致。但他确实以一种完全怀疑论的态度对待诸神。建国者创造了一种他自己并不相信的公民宗教。显然,对伊索克拉底来说,若没有一些附加理由——这些理由自身完全是非宗教的——宗教便无法给出一个关于它自身的可接受的解释。城邦

---

① 参《论和平》,34-35,109-110。

的需要以及城邦所为之服务的人性是这些理由的基础。显然，[200]伊索克拉底不相信任何形式的启示宗教或传统宗教。如果说他有什么神学的话，那必然是某种自然神学。

伊索克拉底在《尼科克勒斯或塞浦路斯人》和《论财产交换》中说过，①我们只有通过话语或哲学才能摆脱野兽的生活。如果我们倾向于对照《布希里斯》来严肃地看待这一想法，我们会得出虔敬就是哲学的政治形式。换句话说，哲学在城邦中的职能就是去阐释和捍卫一种理性的宗教，一种支持从哲学上构想出来的人的需要的宗教。哲人在政治上的工作不是追求单纯无条件的真理，而是宗教所代表的在真理与大多数人力量之间的理性妥协。布希里斯笔下的好城邦中的哲人都是祭司这一事实便是证明。该城邦最明显的特质是支持其秩序的虔敬和专门处理虔敬的祭司阶层。现在我们必须回想，布希里斯并未将祭司表现成拥有虔敬的人。祭司特有的德性是节制。他们自身并不必然相信他们守护的宗教，但他们的节制让他们能在他们的知识与他们觉得政治上必需的东西之间作出调和。哲学不同于政治判断，因为哲学需要一个居中的成分，一个调节其普遍性和不妥协性的东西。哲学必须学会去关心具体的、变化的东西。节制是为哲学在城邦中的存在正名并保护它免遭城邦报复的德性。[201]节制是虔敬在哲学上的对应物。

伊索克拉底以从埃及学到的哲学虔敬(philosophic piety)的例子来结束他对布希里斯的赞美。毕达哥拉斯，第一个将哲学整个

---

① 《尼科克勒斯或塞浦路斯人》，6-7；《论财产交换》，254-255。

儿带进希腊的人,在献祭和净洗礼方面也是所有人中最积极、最著名的。如果说他不认为这么做会给他和诸神的关系带来帮助,至少他确信这会给他带来好名声。他和伊索克拉底一样盛赞过埃及人的虔敬。而他并没有错,因为所有的年轻人都想成为他的学生,他们的父母也更愿意看到他们跟从毕达哥拉斯而非从事自己的职业。毕达哥拉斯的虔敬纯粹是他的显白教诲(pure exotericism),但他意识到了虔敬对社会的价值,并且,也许更重要的是,他清楚地看到了虔敬对哲学繁盛的重要性。"人,单独地看都是些无赖,但整体地看却又都是老实人。他们热爱道德"(Les hommes, fripons en detail, son ten gros tres honnetes gens. Ils aiment la morale)。① 这是只会被不顾生命的鲁莽的道德革新者忘掉的一课。

如果说毕达哥拉斯没有和伊索克拉底相同的目标,那至少他也采用了一些虚伪的手段。温和的虚伪是从埃及哲人那里学来的节制的结果之一。他们都是高贵的说谎者。这是伊索克拉底给波利克拉底的核心教诲。

在完成了对布希里斯的赞美之后,伊索克拉底再次丢出一个问题,即这篇颂词是为谁而写的。贝尔(Bayle)非常清楚地总结说,[202]伊索克拉底这部作品中暗含着一些压倒性理由,反对将其归给布希里斯:

> 人们说伊索克拉底为布希里斯写了颂词,但在我看来,伊索克拉底似乎不是这么想的……他认为,一个人可以描绘出

---

① 孟德斯鸠,《论法的精神》,25.2,收于《孟德斯鸠全集》(Oeuvres Completes),Paris:Gallimard,1949。

那个君主的许多高贵的行为,尽管他承认他没有好作者能确保那个君主确实做过那些高贵的行为。但他说,他批评的那个演说家[波利克拉底]没法在这点上和他争辩,因为那个演说家提出了更多难以置信的说法并且也没有给出任何证据。他不否认其他人也可以作出好的反驳。难道这不表明他对布希里斯根本没有多少敬意,而他的意图只是反驳一篇不恰当的颂词(un impertinent Panegyrique)吗?①

伊索克拉底明确地问——并且对于其他所有人他都没有给出确定的答案,除了波利克拉底——这样一篇颂词究竟适合谁,而除了跟从那位古代评注者告诉我们的,即《布希里斯》是一篇为苏格拉底辩护的隐微辩护辞之外,我们别无选择。毫无疑问,就它是关于埃及的这点来说,它完全是虚构的。伊索克拉底赋予埃及人的政制总体上而言完全是希腊式的,而就某些具体部分而言则完全是苏格拉底式的。我们只需要将伊索克拉底所赞美的政制与《理想国》以及《蒂迈欧》前面的导言相比较就能发现,这篇颂词明显是对苏格拉底政治学的赞美。② 为苏格拉底的辩护产生于我们经常在伊索克拉底身上看到的一种运动。一个人可以从最低的激情或主题出发,但要想完全开发它们,他需要有对更高的东西的理解和赞美。为了赞美布希里斯,一个人最终必定使用苏格拉底的那些

---

① 贝尔,《布希里斯》,收于《哲学辞典》(*Dictionnaire Philosophique*),C,Rotterdam 注,Bohn,1720。

② 布希里斯让埃及人祭拜最低贱的野兽。试想一下苏格拉底的那些起誓(Socratic oaths),比如"以埃及狗头神之名"(ma ton kuna aiguption)。

标准。如果布希里斯不重视苏格拉底发现的那些关于政治事物的真理,他就无法被赞美。[203]赞美布希里斯的尝试几乎注定要变成对苏格拉底的辩护。在寻找布希里斯身上值得赞扬之处时,他们都是苏格拉底所代表的那种人。由这篇话语的运动所展示的这种磁性必然性(magnetic necessity),正是这篇辩护辞的天才所在。

就像我们已经注意到的,伊索克拉底之所以批评波利克拉底对苏格拉底的指控,是因为波利克拉底说阿尔喀比亚德是苏格拉底的一个学生,可从未有人见到阿尔喀比亚德被苏格拉底教育过。然而,每一个人都会同意,阿尔喀比亚德要远胜过其他所有人。首先,不说这句话离真正的事实有多远,它和伊索克拉底在其他地方关于阿尔喀比亚德所说的不符。[从其他地方来看,]显然不是所有人都赞扬和尊敬阿尔喀比亚德。① 这句话是为了替苏格拉底辩护。它跟色诺芬对苏格拉底的辩护简直一模一样。② 伊索克拉底没说阿尔喀比亚德不是苏格拉底的同伴,机智的他只是说阿尔喀比亚德从未从苏格拉底身上学到什么。这样,苏格拉底的思想就无需为阿尔喀比亚德的行为负责。苏格拉底并未培养潜在的僭主。如果这是对苏格拉底的赞美,那么伊索克拉底就遵从了他自己的原则,即把被赞美者描绘得比其所应是的更好。伊索克拉底在其他地方区分了大多数赞美阿尔喀比亚德的人和小部分不这么做的人。那小部分不赞美阿尔喀比亚德的人会将这篇颂词看作对

---

① 参《致腓力辞》,61(关于这段模棱两可的文字的风格,参《泛雅典娜节演说辞》,117-118 中的相同反讽)。

② 《回忆苏格拉底》,1.2.12 以下。

苏格拉底的赞美。而伊索克拉底站在布希里斯和阿尔喀比亚德一边反对苏格拉底，[204]以此表明那些赞美阿尔喀比亚德的人必须也赞美布希里斯或不义。阿尔喀比亚德的那些事迹代表了某种严重缺乏正义的、野心至上的政治生活观念。颂扬这一立场的人，如果他前后一致，也会赞美一个制定最不义的法律的立法者——布希里斯。在伊索克拉底看来，赞美阿尔喀比亚德的是雅典民众，而指控苏格拉底的也是这同一群雅典民众。伊索克拉底不能当着他们的面赞美苏格拉底，因此他赞美了布希里斯。但结果是，对布希里斯的赞美其实是对苏格拉底的赞美。这样，谴责苏格拉底就意味着雅典人的政治观更接近于布希里斯的那种毫无人性。雅典人面临着自我矛盾。如果他们喜爱阿尔喀比亚德多过苏格拉底，他们就不能接受这篇如此有说服力的颂词。他们的不义已经显现。他们并不一定看到了这点。他们满意这篇赞美布希里斯的颂词如此文雅，也满意于对苏格拉底的指控。但那小部分不尊敬阿尔喀比亚德的人——并且伊索克拉底宣称他在庸人面前隐藏了他的想法——读了《布希里斯》之后会知道苏格拉底代表着虔敬，并且意识到谴责他的原则就意味着接受一种让政治生活不再可欲的理解事物的方式。《布希里斯》始于一个庸人看不到但聪明人能清楚看到的矛盾。阿尔喀比亚德被赞美，然而布希里斯的兽性却被认为不值得赞扬。解决这一矛盾的唯一办法是复原苏格拉底，或者换一种说法，没有苏格拉底和他的原则，政治从根本上说是不完满的。

[205]在颂词的末尾，伊索克拉底放大了他对波利克拉底给布希里斯的颂词的批评：波利克拉底不但赞扬布希里斯的兽性，还赞

扬说他做到了只有诸神才能做到的事。布希里斯冒犯诸神,因为他对自然秩序不敬。他从尼罗河的源头对尼罗河进行了分流。这样一来,他就犯下了两宗罪:毁坏人和不敬神。这两项指控几乎完全对应于我们知道的苏格拉底所面对的指控——败坏青年和引入新的城邦神(或根本不信诸神)。波利克拉底口中布希里斯的行为与安虞托斯(Anytus)口中苏格拉底的行为是相同的。伊索克拉底对此的回答是说,他本人只赞扬布希里斯做的那些君子会做的事,比如制定法律和政制。因此,通过用苏格拉底的标准赞扬布希里斯,伊索克拉底也成功地为苏格拉底作了辩护。做的都是相同的事,可布希里斯被认为值得赞扬,而苏格拉底却被判处死刑。伊索克拉底承认那样的行为应该定罪,但他说布希里斯实际上并没有做那些他被人赞扬的事。他所赞扬布希里斯的事,是苏格拉底为之被定罪的那些实事。在两个人的颂词中,布希里斯和苏格拉底都是等同的。唯一的差别在于,在第一种情况中,我们是通过波利克拉底的眼睛来看着两个人,而在第二种情况中,是通过伊索克拉底的眼睛。在第一种情况中存在着一种张力,因为布希里斯因苏格拉底被谴责的那些行为而得到了赞美。伊索克拉底希望通过表明布希里斯并没有做苏格拉底被谴责的哪些行为来解决这一张力。但在这样做的过程中,他不经意地向我们展示了苏格拉底,[206]这一展示证明了苏格拉底本人根本无罪,因此张力依然存在。我们震惊地看到,布希里斯受到赞扬而苏格拉底则因相同的想法受到谴责。对布希里斯的善的证明,必然也会唤起人们对苏格拉底所受不义的同情。因此,那些谴责苏格拉底的人必定真的是布希里斯和阿尔喀比亚德的赞美者。

从实质上说，人们认为那些研究事物的原因的哲人是不虔敬的，是破坏公民社会的人。他们不相信诸神，并把月亮称作石头。他们并不停留在事物的自然界限之内。盖在事物表明的神圣面纱被这些人揭起，而自然加在人的行为之上的界限遭到他们的触犯。因此，他们一边像野兽那样不尊重律法，一边想着取代诸神。他们是败坏年轻人的人。但伊索克拉底表明，苏格拉底所做的研究是一个君子会做的研究，并且这种研究会培养君子。哲学是事物的政治秩序的支柱。他矫正了一种通俗的误解。其辩护与柏拉图及色诺芬为苏格拉底所作的辩护一样。苏格拉底只是矫正了内在于公民社会之中的错误，而于公民社会本身毫发无损。色诺芬说，苏格拉底的唯一兴趣是将他的弟子培养成君子。苏格拉底不是破坏永恒秩序并毁掉诸神的人，因为他完全明白，永恒秩序与诸神是实现人类正义的唯一依靠。普鲁塔克这样定义苏格拉底死后那个英雄时代的人所面对的如何呈现哲学的问题：

[207]第一个最清楚也最言之凿凿地写月亮是如何点亮以及被遮蔽的人是阿那克萨戈拉(Anaxagoras)。但到目前为止，他和他的观点都不那么为人所知，而是被当作一个秘密，靠着某种小心和信任在一小部分人中流传。人们不会容忍自然哲人，以及研究天上之物(things above)的——就像他们后来用来称呼这些人的——理论家。因为这些人将神的力量解释为是由非理性的原因以及必然性所产生的无感力量造成的，而不诉诸任何的天启或自由行动者，从而削弱了神的力量(divine power)。正因如此，普罗塔戈拉才被放逐，阿那克萨戈

拉才被关进监狱。因此伯里克勒斯实现他的自由并不轻松。而苏格拉底,尽管他对这类研究毫不关心,却还是因为哲学而被判处死刑。直到后来,由于柏拉图那一生熠熠生辉的名声——且因为他将自然必然性从属于神圣的、更高的原则——才洗刷了长久以来贴在这类思考之上的丑闻与骂名,并且让这些研究在所有民族中流传开来。①

哲人必须重新建立起他们生活方式的地位,不然这种生活方式就会被消灭。这个问题本质上就是要证明他们的虔敬,因为尊敬诸神是城邦的核心支柱。哲人必须表明他们的研究并不与信仰诸神相冲突。正因为如此,布希里斯立法的最重要的一部分和虔敬相关,并且哲人都是祭司。伊索克拉底在证明自己的虔敬时走得更远。[他说,][208]波利克拉底的罪在于听信诗人们的谎言,从而相信诸神能够行不义。说出这般渎神的话的人曾为此受苦,

---

① 普鲁塔克,《尼西阿斯传》,16。
来看看在普鲁塔克的《尼西阿斯传》里,那些以自然原因解释月食现象的自然哲人如何受到民众怀疑。民众称他们为天象疯子(meteorolesches),认为他们将所有神圣的东西还原成了自然的和物理的原因,直到苏格拉底通过将自然因的必然性从属于某种神圣的、理智性的源头,才一劳永逸地解决了万物根源的问题。因此,那一关于理智存在者的学说仅仅是柏拉图所发明,用以对付异教狂热者的诽谤的防御性武器罢了。
普鲁塔克在《尼西阿斯传》里有一个想法:柏拉图通过宣称一个主宰着世界的卓越心智,堵住了诽谤者的嘴,将那些认同行星的周期性运动并用自然的方式解释天体现象的人视作无神论者,并称他们为天象疯子。孟德斯鸠,《随想录》(Pensees),收于《孟德斯鸠全集》(Oeuvres Completes),卷2,Paris:Gallimard,1949,页1546。

他劝诫人们在这些事物上保持节制。他还说,对其他不当行为立法,以及对关于神的自由言说置之不理,是不允许的,而那些传播或相信关于神的罪恶故事的人必须被判为不虔敬。这样,伊索克拉底就表明他是站在城邦这边而反对不虔敬。他本人相信诸神既美善又强大。他所说的就像苏格拉底在《理想国》里所说的一样。

显然,在其传统的外表之下,《布希里斯》还包含一种非常激进的学说。首先,它在为苏格拉底辩护,因此也是在批评雅典。同时它还表明,正义能在布希里斯的政治制度中找到,从而在某种程度上削弱了所有既存政治体制的权威性。但最具震撼性的是对诸神的态度。我们已经说过,对埃及神的信仰建立在有意建构的神话之上,哲人-祭司自己并不虔敬,他们只是节制。虔敬地信仰诸神,与节制地接受关于诸神的神话大有不同。布希里斯的神明显都是新神。他选择了一个不再需要宙斯的地方,从而让立法者本人能够取代那个神。伊索克拉底本人对诗人的指控以及对诸神的辩护完全遵从了这一范式。他在诸神问题上推崇节制而非虔敬,并把对诸神的信仰问题看作与社会健康有关的法律问题。此外,[209]在批评诗人的过程中,他批评了诸神知识的唯一来源。他拒绝接受普遍接受的关于诸神的信仰。他用他的智慧取代了已有的神圣叙事。这也相当于承认他不接受城邦诸神,至少是不接受城邦理解的诸神。在伊索克拉底的理解中,诸神是某种关于事物秩序的更高的知识,某种并非所有人都能拥有的知识。哲人的知识是关于诸神的真理的唯一可靠的来源。此说显然违背了传统。通过开头对俄耳甫斯的赞美(在那里,伊索克拉底接受了城邦对苏格拉底所持的立场)和结尾对苏格拉底的指控(在线索已经完全展开之后），演说辞的运动得到了强调。

因此，伊索克拉底承认了城邦视角中苏格拉底的罪和他自己的罪。他们确实败坏了青年，因为那些理解了他们的人几乎无法再持有城邦的信仰。但他们的罪不是绝对的，因为他们的叛乱是以某种更高的东西——在埃及实现的那种无条件的正义——的名义发起的。他们在那些爱着真理而非雅典的人眼中是无辜的。波利克拉底笔下的布希里斯本是苏格拉底，却得变成雅典人。雅典人不义地毁坏了人，并且不尊重事物的自然秩序。

《布希里斯》是一篇关于节制的演说辞。与此同时，它的内容却是大胆的。哲学是大胆的、毫不妥协的。哲学有超越的倾向，因而会让常识和寻常的东西显得毫无意义。哲学必须被拉回地上，必须被要求在人类事物的可能性范围之内思考人类事物。节制是完成这一伟业的德性。[210]伊索克拉底掌控着这篇演说辞，只有最百折不挠、最爱思考的读者才能理解它的含义。它不会让迟钝的人变得不忠，而那种理解了其中意思的人也很有可能会意识到，他们在理型不大可能实现的情况下对现存秩序负有责任。但他们会为自己的政治生活找到标准，最重要的是，他们会习得苏格拉底的高贵。节制教导的就是这个，而这篇演说辞是关于节制的节制教导。哲人正是用这种高贵的自制（noble self-control），取代了因宇宙的伟大与神秘而产生的轻信的敬畏（credulous awe），这种自制才是虔敬。它保护了社会，让政治哲学成为可能，同时也保护了哲人与哲学。它是连接哲学与城邦的桥梁，没有这座桥梁，哲学是无法被容忍的。

也是在这里，修辞学的职能最终变得清晰起来。它是表现在毕达哥拉斯行动中的真理的形式化。哲学为了被非哲学的人接受，就需要一个不完全理性的媒介。如果所有人都能看见赤裸的真理，那么就不需要什么修辞学。但处死苏格拉底以及其他显而易见的人类蠢行充分证明了修辞学存在的必要性。哲学需要一个保卫者和帮手。真理并不会让哲人受到爱戴和信任。在知晓了什么是对人而言的善之后，劝说是哲人必要的政治辅助。哲人在布希里斯的城邦中不是修辞学家，但伊索克拉底为了替苏格拉底辩护却必须成为一个修辞学家。哲学需要一种修辞学，[211] 这本身就教导了关于哲学自身最重要的一课。哲学是少数人的事业，它必须被保护以免遭到民众的伤害，而民众也必须被保护以免遭到哲学的伤害。将哲学通俗化会把哲学变成意识形态，而意识形态会破坏政治人对事物的常识性理解。因此，现实中最高层次的修辞学是一门关于人性的科学，它是哲人政治责任的一种表达。没有某种对善的知识，修辞学会变得毫无意义。布希里斯的城邦必定总是那个终极标准（ultimate standard）。但实现这一城邦的可能性微乎其微——因为人的自私、邪恶以及缺乏合适的条件，这就必然会将人引向某种折中，这种折中通过修辞学家对具体事物和不完满事物的理解表达出来。如果不像前苏格拉底哲学那样完全忽视非永恒的东西，我们就能避免包含在一种无理论根基的政治观点中的相对主义。

按照这一说法，苏格拉底对哲学的贡献似乎在于，他为政治人对事物的看法辩护，以反对那种认为一切政治事物都是弄虚作假与欺骗的看法。对事物的日常理解（everyday understanding）必然表达了一些关于事物本性的真理。因此，修辞学家对政治事物的关切就能得到正名。但另一方面，得到充分理解的政治善（the political good when fully understood）也预设了一种社会，这种社会有如德谟克利特的原子那样远离我们在日常生活中见到的社会。那个城邦是自然的，但现存的城邦不是。苏格拉底的学说也许有着比其他学说更为深远的影响，因为它是一种政治学说，[212]而前苏格拉底哲人则无条件地拒绝了城邦。苏格拉底派哲人保留了正义，并且以正义之名向城邦叫板。社会在某种程度上看出了这一立场的激进性，于是对哲人施加报复以抑制其不安分。因此，哲人必须证明他想要的只是完全意义上的君子，以此向他的同胞证明他的忠心。但与此同时，他又希望原封不动地保留他的想法，因此君子被定义成那些知道存在物之所是或知道德性是知识的人。当下的专横与哲学的超越之间的斗争在修辞学中找到了它理想的表达，因为修辞学充分满足了当下，但又向那些有能力跟上它的人指明了通往更高之物的道路。表演性的演说和柏拉图的对话作品做的就是这些事。它们不是哲学。它们是哲学的预科，把它们当作哲学宣传单来解读必定导致误读。现实的情况是，由于"哲学躺在尘埃之中"（philosophy was lying in the dust），所以"可耻的演说"必须被避免。而除非这种情况得到充分的反思，否则就不可能充分理解伊索克拉底的演说辞，也不可能充分理解——当然这更重要——柏拉图的对话作品。

伊索克拉底的一般演说可以看成一个苏格拉底派哲人对具体情况下的最佳行为所做的明智判断的表达。它们不需要有什么具体的理论重要性，除非它们建立在对整全的某个合理看法之上。我们能把伊索克拉底的终极观点与那些具体的演说区分开来，因为后者仅仅是一个智慧人的建议,此人要通过履行其公民义务来证明其社会责任。[213]这和保护常识世界维度的苏格拉底式节制完全一致。就像色诺芬写了一部本可以由一个非哲学的人写出来的历史著作(尽管里面那些具体判断是其作者接受过苏格拉底的训练才形成的),伊索克拉底因此履行着他作为一个公民的责任。对我们现代人来说这也许很难理解,因为我们并不像古人那样区分实践活动和理论活动。将一个人的生活分成两个截然不同、仅仅有着稀薄联系的领域,在我们看来似乎是"非本真的"(inauthentic)。但这就是我们要做此类研究的原因。正是在哲学修辞的存在理由中,我们发现了这一区分的基础。正是因为实践领域和理论似乎完全是异质的两样东西,修辞学才必须填补其间的断裂。需要强调的重点是,选择修辞学并不必然表示拒绝真正的哲学,一个人在他的大多数作品中不讨论哲学问题,也未必表示他从未思考过它们。这只说明这样一个人把写作看成是一种政治行为,只说明他可能并不觉得他的哲学可以被书写。表演性演说保留了那些让寻常解决方案最终显得不充分,从而把人引向哲学的问题。正因为这样,伊索克拉底才能跻身那些在苏格拉底之死威胁到哲学存在之后起身为哲学辩护的伟人之列。他为苏格拉底进行了辩护,虽然那些辩护永远是那么节制,保留了诸事物在生活中所展现出来的比例——多数人和物不能忍受苏格拉底,但苏格拉底的观点照亮了所有这些人和物。伊索克拉底捍卫的是这样一种文化:它被所有人接受,并且在极端情况下,它会容许一种苏格拉底式的推断(Socratic extrapolation)存在。

2

[214]和他的政治关切一样,伊索克拉底通常会把自己描绘得非常冷漠。他将"古老的"等同于"值得尊敬的"这一点似乎毫无疑问,由此他佐证了柏拉图的暗示,即政治事物是无爱欲的。伊索克拉底让自己显得对性的诱惑毫无感受力。他有着最严格的责任和自制的标准。节制也许是最能描述其作品的词。在某些柏拉图和色诺芬的著作中非常有吸引力的丰盈感(voluptuousness)和完全的自我表现(self-expression),在伊索克拉底那里是缺失的,而这也许是现代人不愿将他列入真正苏格拉底派的最深层的——但愿只是心理上的——理由之一。在伊索克拉底身上经常存在着某种偏颇。人们总是觉得他没有抓住人类可能性的全部,人们总是倾向于认为他对激情、文艺和爱的理解有缺陷或完全缺席。不知怎么,人性总是躲开了那个关于人的定义,即人是一种政治动物,而被限制在单纯道德的领域内。通过文艺而呈现在现代思想中的一切说明了这一问题。如果有人说美的就是政治上有益的,他会被当代智慧的议会轰走,并且毫无疑问这样一个定义不可避免地会让我们的文艺意识(artistic consciousness)走向枯竭。文艺,或文艺的对等物,通常都被看作是表达人的内在深度的,和道德无关的(a-moral)或者说自由的东西。对这一领域无知无觉的人或许值得赞扬,[215]但我们很难认为他们对事物的看法是令人满意的。因此,尽管伊索克拉底的节制可能反映了苏格拉底在研究哲人后受到惊吓从而转向研究人类事物这件事,不过他似乎并未受到爱欲的那种神圣疯癫的激发。

伊索克拉底阐述过文艺,或者说文化,与政治社会二者之间的问题。简单地回想一下我们分析过的论点：文化需求的东西与政治需求的东西不同。文化需要奢侈和政治上的松懈，然而城邦则需要简朴和严苛的道德。从城邦的角度看，让文艺严格地从属于城邦并接受监管是完全正当的，只有在那些试图证明文化进步与城邦进步直接相关的学说的阴影下，文艺才能从这一限制中解放自身。在现代，文艺作为对人身上尤为人性的那部分的表达，有着无限的反抗社会要求的权利。不用说，所有的希腊人都会觉得这一权利毫无根据并且太过自由放任，从而否定它。文艺是为了快乐，而并非所有的快乐都同样值得尊重。因此，不是所有的文艺形式都要被同样地接受。然而毫无疑问，柏拉图看到人的某些方面并不完全受城邦控制，并且对他来说，好品味绝不会允许将美的东西简单地还原成有益的东西。柏拉图保留了哲人从限制他理解美的束缚中获得自由的权利，[216]因为只有哲人能区分真正美的东西与暂时可接受的东西或败坏的东西，毕竟他见过真正的美。如果说《高尔吉亚》和《理想国》的卷二、卷三似乎让美从属于政治上的权宜之计，那么，《斐德若》和《会饮》在某种意义上则是对此的翻案。

伊索克拉底似乎没有意识到这一问题，或者说，他通过否认这一超越性元素而解决了它。正因为如此，他看起来如此接地气（earth-bound），甚至一些人能称他为人道主义者——也就是说，他能让一切都倚赖于人的舒适，甚至那不可战胜的激情。也正因如此，我们才对《海伦颂》那么感兴趣，因为我们发现这篇演说辞赞美了不节制的激情，并处理了和《斐德若》几乎相同的主题——修辞学与爱欲。在这篇短小的作品中，美（kallos）和爱欲（eros）两个词的出现次数比在其他所有演说辞中加在一起还要多。《海伦颂》经常被解读者提到,因为它的开篇处理了修辞学的问题,并且它似乎是关于这一主题的最重要的论述之一。然而那个神话自身却很少被提及,事实上,那些关于修辞学的话仅仅是导言,只有与演说辞正文中的完美修辞进行比照才能得到恰当的理解。正是由于这一原因,这一作品才让人如此好奇,因为我们只需要稍稍思考一下就会发现,如果我们仍然坚持当下对伊索克拉底的那种解读,则演说辞的第一部分和第二部分似乎是互相矛盾的。如果伊索克拉底的修辞学理论只是想要鼓励今天所理解的政治演说,鼓励有着实践性的启蒙目标的可靠之人,[217] 那么我们很难理解,为什么一篇表演性的海伦颂居然是它的自然结果。说《海伦颂》是一部早期作品并不能够反驳这一点,因为即便真是如此,显然《海伦颂》中包含的原则与伊索克拉底最终仍然坚持的那些原则也是一样的。《海伦颂》很好地证明了,我们对伊索克拉底所作的自然解读,多么依赖于我们对修辞学实际上是什么的预先构想。而他的思想仿佛与柏拉图思想之间有巨大差别,很大程度上也是这些偏见所造成的结果。

《海伦颂》的导言对那些处理好辩者最爱的主题的人提出了批评。它指责他们说着已经过时很久的谬论,因为就那方面的幻想而言,前苏格拉底哲人已经穷尽了所有的可能性。他们最好还是致力于追求真理,并教育学生有关政治事物的知识,因为比起精确地知道无用的东西,思忖重要的东西要好得多。然而,这些人却只关心如何用教育赚钱,因此,这类悖论性的主题在那方面非常有效。为了证明自己的严肃性,这些人必须着手那些伟大的主题,在真正难以言说的问题上操练自己。

　　这一论述暗示,前苏格拉底哲人的那些研究是无用的,坚持继续追随他们的人只会浪费自己的时间,并因此而无可避免地丧失对现实世界的观照。这样一个人会赞美盐和大黄蜂。伊索克拉底坚信,[218]只有按那些困难的问题呈现给人的样子研究它们,我们才有可能得到严肃的知识。这正是伊索克拉底的教学法所做的,因为他的教学法致力于让学生解决那些牵涉重要主题的问题并从中学习。他很少告诉我们这会把学习引向何方,但毫无疑问它始于——以一种苏格拉底的方式——寻常的政治关切。传统意义上的哲学非常幼稚,而伊索克拉底拒绝了乳臭未干的年轻人的这种实践,而选择了君子的清醒。这种对表面的专注是伊索克拉底始终尤为强调的。他让自己脱离了那种在他生活的时代如此众说纷纭的哲学。

　　如果一个人发现那种配得上赞美的主题居然是一篇赞美海伦的颂词,他会觉得非常吃惊,因为这似乎是一个无足轻重的神话主题,更适合用来做学术训练,而非用来表达从最有价值的学科中得出的最重要的想法。不过,那个为海伦书写的人是所有试图说得好(speak well)的人中最值得赞扬的。然而,他在为她辩护的时候犯了错,他的辩护暗示海伦有过,尽管她那些卓越的善值得赞美。因此,伊索克拉底不得不去展示一篇充分赞美海伦的颂词应该如何,并说明他自己的理解。

　　海伦和赫拉克勒斯都是宙斯最喜爱的孩子。宙斯虽然两个都爱,但他爱海伦要胜过爱赫拉克勒斯。他给了赫拉克勒斯强迫他人顺从的力量,却给了海伦依照自然就能让力量顺从的美。赫拉克勒斯一生经历了各种竞争,而海伦则是人们竞争的目标。

[219]她是力量运用的目的。力量只有用于为美丽服务时才是荣耀的。赫拉克勒斯至多代表了实践的一生,而这样的一生注定劣于所有存在者中最可欲的海伦的一生。海伦的第一个俘虏是所有人中最高贵的、具有所有德性的忒修斯。虽然忒修斯很完美,海伦的美却让他如此神魂颠倒,以至于他绑架了她,而小视斯巴达人可能带来的一切危险。为了对帮助他的人表示感激,他愿意下到冥府。因此为了海伦,这个举世无双的男人愿意违背道德正派,侮辱诸神。伊索克拉底清楚地表明,对大多数人来说,这一切都会是对海伦的指控。然而由于忒修斯自身的卓越,这反倒成了对海伦强大力量的赞美。在超越性的激情(transcendent passion)面前,道德法可以由人无愧地去触犯,而那种能感受到这一激情的能力则是伟大(greatness)的标志之一。

为了表明忒修斯的伟大,伊索克拉底详细讲述了他的英雄事迹。在他最后一篇演说《泛雅典娜节演说辞》中,他提到这一段并述说了它的重要性。① 这一指涉出现在该演说非常中心的位置,即讨论祖传政制的机制的位置。这一互文证明了伊索克拉底著作的统一性和他思想的连贯性。此外,我们还必须进一步回想,伊索克拉底曾把忒修斯的行为同化成自己的行为。② 在《海伦颂》里我们可以清楚看到,单纯的道德并不足以解释忒修斯或伊索克拉底的行为。[220]忒修斯之所以能建立起一个好的政治秩序,是因为他的节制(这一迹象证实了《布希里斯》的论点,该演说辞似乎把政治

---

① 《泛雅典娜节演说辞》,126以下。
② 《泛雅典娜节演说辞》,138。

责任建立在此一被遗忘的德性之上)。要是没有节制,他也许就会违背那些正义原则,把自己变成一个僭主;但另一方面,他又是个容易被美吸引的人,而在那种无法抗拒的情况下,他的节制于事无补。问题无关乎道德的绝对性,而关乎在某种情况下道德可以被正当地超越。在僭政情况下,逾越道德将是卑下的,但在面对海伦这一情况下,逾越道德却是高贵的象征。这个男人对快乐美好的东西的激情非常强烈。在统治城邦的情况下,他掌控着这种激情并有能力成为好的统治者,但他确实在正确的时间释放了这种激情。在别的地方,伊索克拉底从未如此明白无误地表达过他自己的认同感,也未宽恕过与德性相悖的行为,这就表明德性,至少政治意义上的德性,并没有穷尽人类的潜能。在第一节的末尾,伊索克拉底对僭主生活可能的正当理由,并对城邦的法、泛希腊主义与第二节所讨论的文化之间的张力表现出犹豫不决,从而暗示了上述在《海伦颂》中得到主题式阐明的问题。

我们能够想象两种生活:专注于城邦的道德人的生活,以及追求自己的快乐之人的生活。原则上,伊索克拉底将真正的快乐等同于有德,从而解决了任何可能牵涉到的问题。[221]然而,这一点,即合理设想的人的欲望之满足与政治上有德是相同的,并不总是那么显而易见。忒修斯对海伦的不伦之恋就是一个活生生的例子,而也许苏格拉底对哲学的爱是另一个这样的例子。① 伊索克拉

---

① 伊索克拉底说,尽管他会遭到批评,他还是要为自己的快乐而赞美忒修斯。我相信这是唯一一处他提到自己的快乐的地方,因而表明了他自己在作品中的取向。关于二者的差别,参《泛雅典娜节演说辞》,74-75。

底在《海伦颂》里表达了他对爱欲激情的偏爱,这种偏爱似乎多过他对节制的偏爱。这篇作品采取了私人的视角,它表明海伦比其他任何目标都要珍贵。

这一选择的结果是,伊索克拉底被迫为亚历山大([译按]即帕里斯)和他的行为辩护。这是一个相对困难的任务,因为亚历山大传统上代表了典型的懦夫。但如果把他的行为理解为出自一个将海伦视为最高善的人,那么人们就很难将其行为视作可鄙的。他只是在向最可欲的目标前进。亚历山大曾被诸神选中来裁决一场关于美的竞赛,因此,他必定已经是有朽者中最智慧的。他选择了美,因为那是诸神自身也竞相追逐的东西。他的行为的政治后果,以及反对他的人的恶意评价,不应该影响我们理解这个男人的优点。因此,从政治的角度看过着非常可鄙的生活的亚历山大,发现自己的坏名声已经一扫而空。他是一个评判美的出色裁决者。在这一品质面前,道德区分黯然失色了。①

[222]亚历山大的评判得到了希腊人、蛮夷和诸神的支持。为了海伦,他们都愿意发动一场史无前例的战争。他们被爱欲冲昏了头脑,从而愿意为她效劳。诸神为了参加这场战争愿意让他们最爱的儿子们死,而希腊人和蛮夷在谁将拥有海伦的结果揭晓之前也不愿意中途退出。因为他们不是为了亚历山大和墨涅拉奥斯(Menelaus)在战斗,而是分别代表亚细亚和欧罗巴而战。他们知道,海伦到哪儿,幸福就会降临在哪儿。他们在这点上并不糊涂,

---

① 这段文字可视作批判荷马链条上的另一环。荷马并不欣赏美的尊严和那种能够评判美的人。

因为希腊,在它胜利之后,知道它对那些野蛮民族的优势。我们如果回想起伊索克拉底特别强调的希腊人与蛮夷之间的差别,就会开始理解海伦的意义。是哲学让希腊人卓尔不群。在《泛雅典娜节演说辞》中,特洛伊战争为了海伦只是在言辞上,在实践上其实是为了希腊的统一。① 在《海伦颂》里,这一概念被扩展了,我们看到,整个希腊为之竞争的善就是美,而他们都被某种爱欲激情——实现这种爱欲激情将会给它带去繁荣——冲昏了头脑。因此,如果我们恰当地理解海伦的话,那么那场战争的起因和结束确实都是海伦。要不然,争斗就会变得毫无意义,也不会在历史上留下任何印迹。伊索克拉底的泛希腊主义是在实践层面上对美好之物的捕捉,[223]是在政治领域内对美好之物如何能被带入现实的思考。这不是说,一场泛希腊的战争就是理解美好之物的最正当、最有效的方式。但这样一场战争确实从其发起者的上述动机中获得了它的重要性。这最终解释了泛希腊主义演说与那些关于城邦的演说在语气上的差异。爱欲的超越性之光(transcendent light)照亮了前者[泛希腊主义演说]。这样,代表了伊索克拉底政治旨趣的两个方面的两个人物,就能通过这一浪漫主义激情得到理解:希望重新得到海伦的阿伽门农,以及有能力倾心于海伦但却用节制对待城邦的忒修斯。伊索克拉底的政治实践是他对美好之物的欲求的政治修饰。城邦并不完全顺从于爱欲,甚至要求对爱欲加以节制,但那个忒修斯,那个立法者,必定已经受到爱欲之魔力的影响,从而将那更高的火焰渗透进了他的立法。泛希腊主义为爱欲的表

---

① 《泛雅典娜节演说辞》,80。

达提供了更多机会,因为它走出了城邦,并且让它自身对希腊人与蛮夷的差别,即海伦,有了兴趣。

但是,泛希腊主义也仍然是外在的,并不与海伦本人同在。只有当我们接近伊索克拉底旨趣的第三层面,即他的技艺时,我们才会发现一条更直接的接近海伦的路。

> 她那最高程度的美,是所有事物中最肃穆、最受尊敬和最神圣的。我们很容易就能看到它的力量,因为虽然许多缺乏勇气、智慧或正义的事物常常被视为比这些品质更受尊敬,但我们发现,事物一旦缺乏了美就无法满足我们,我们也瞧不起所有事物,除非它们分有了这个美的理念。[224]德性之所以受到人们的尊敬,很大程度上正是因为德性是最美的实践。我们可以观察我们对待这个世界上其他所有事物的态度,就能够理解德性比其他事物美了多少。我们想要拥有其他事物只是因为我们需要它们,但是我们心上并不进一步在乎它们。然而,对于美好的事物,我们有着天生的爱欲,这种爱欲比我们的意志更强大,因为其对象自身也是伟大的。我们虽嫉妒那些让我们更富有智慧,或者在其他方面比我们更加优越的人,但他们非得通过日复一日的善举打动我们,才能让我们爱上他们。然而对那些美丽的人,我们看第一眼时便会产生好感。我们不仅对待他们就像对待神灵一样满怀敬意,而且更愿意做这类人的奴仆,胜过去统治他人。即便他们交给我们许多重任,我们也会更感激他们,而不是感激那些什么都不要求我们的人。我们责骂那些拜倒于其他任何事物的人,称他

们是奉承者,但是那些被美奴役的人,我们却认为他们是勤勉并热爱着美好之物的人。我们对美这一理念心怀如此虔敬,以至于我们鄙夷那些出卖美色或者允许自己被别人诱惑的美人,甚于鄙夷那些用暴力逼人就犯的人。而对那些保护他们年轻的童贞有如守卫圣洁的神殿,不让卑下之人进入的人,我们会如尊敬对城邦有贡献的人一样尊敬他们。

我为何要花这么多时间来讨论人们的观点呢?万神之神宙斯,能够在很多方面展示其神力,唯独认为在接近美的时候表现谦虚是理所应当的。他变成安菲特里翁(Amphitryon)的模样来接近阿尔克墨涅(Alcmene),他变成金色的雨滴来与达那厄(Danae)结合。当他依偎进涅墨西斯(Nemesis)的怀抱时,他伪装成了一只天鹅,并且以同样的方法占有了勒达(Leda)。他总是以技艺而非武力来捕获这一自然本性。①

美是所有事物中最重要的,而德性只不过是因为分有了这一理念所以才可欲。有些东西和德性无关,但却因为它们的美而比德性更受尊敬。从《致德莫尼库斯》里德性是唯一有价值的东西,到《海伦颂》里德性以及其他东西之所以被赞扬是因为它们的美,伊索克拉底走了长长的路。在伊索克拉底那里,似乎有两种看待德性的方式。[225]第一种是从社会的角度。人是社会的动物,为了和同胞共处,他必须具有一些品质,比如勇敢与正义。如果人的目的真的等同于政治人的目的,那么德性就是人的自然组成部分,

---

① 《海伦颂》,54-60。

正如肉体是人的自然组成部分一样。就像你无法想象肉体残疾的人在生理上是可欲的,你也无法想象有道德缺陷的人在政治上是可欲的。第二种似乎是从私人的或个人的角度看待德性。我们无法想象一个正派人是残酷无情、无药可救的人,或是一个连他的孩子都保护不了的懦夫。这样一个关于人的概念不能被我们的情感接受,同时也会让这样的存在者无法进行任何思考与实践。活着这一事实预设了某些品质的存在,而活得好则需要大量品质。这两种看待道德的方式本质上会引向同一个结果:德性受到赞美和鼓励。然而,这还不足以克服两个角度之间的冲突。它们的出发点是如此不同,以至于在关键的地方必然会相互冲突,比如我们可以忒修斯和海伦为例。从个人的角度出发,人的目的是美,而海伦是美的化身,正义和节制的原则与拥有她相比是第二位的。城邦的道德则要严苛得多,并且不容许例外。在城邦看来,对邻人的责任要先于自我满足的权利。在那些最棘手的问题上,这两种道德很可能给出截然不同的答案。它们似乎来自人类潜能的两个彼此分离的领域:一个属于政治人,另一个属于有爱欲的人。但两者并不那么容易分离。[226]在特殊情况下,城邦能够在脱离有爱欲的人的视角的情况下被完全理解,然而,在大多数情况下,并且是在最具说服力的情况下,城邦的道德似乎是为了保护其公民的集体自我中心主义(collective egotism)。它对其他人的统治是不义的。城邦的法律似乎造成了人与人之间的永恒战争,而德性似乎也是军事德性。试图从保护社会秩序这一前提出发得出政治德性,会让人变得残缺,乃至于除了是一个士兵,他什么也不是,斯巴达证明了这一点。城邦必须诉诸其他原则以便使其自身真正与人相合。它必须将美引入它的系统，就像布希里斯所靠着哲人做的。城邦没有美好之物是不行的，因为不然它就不值得被选择。但与此同时，有爱欲的人则会竭尽所能地摆脱那些对公民生活来说至关重要的限制，或至少因这些限制而感到不快。这样的人苛求快乐，而城邦在需要他的过程中已经承认了自身的不足。在被解放的激情与政治生活的严酷之间总会存在永恒的激烈竞争。我们可以选择停留在代表着某种野蛮的斯巴达的层面，也可以选择承受某种永恒的张力与不适。

人性似乎一定要是双重的，而这来源于它的两种能力：引领实践生活的能力，以及欣赏美及其所涵盖的一切的能力。但它们是互相依赖的，离了爱欲，城邦就不能变得人性，而离了城邦，离了与同胞的交往，有爱欲的人也不能生活。但如果试图将一方，即爱欲，[227]降低、还原成另一方，即城邦，那么美就将变成"对我而言，除了城邦最需要的东西，无甚精妙之物"（no subtleties for me, but what the city most needs）精神指导下的政治宣传。① 而如果对美的激情完全政治化，那么这种激情很有可能会在卡利克勒斯的精神指导下用来为僭政辩护。因此，两者对彼此来说都必不可少，但又无往而不在冲突当中。两者之间存在着暂时的平衡，就像伊索克拉底的政治活动所表现的。一个让有文化的德性阶层统治的城邦，会去就近一种能缓和冲突的标准，特别当立法者是一个能欣赏美的人时。而一场旨在矫正希腊城邦和希腊学问的泛希腊战争，既满足了政治德性的需要，也满足了实现激情的需要。但这些

---

① ［中译者注］语出欧里庇得斯，参亚里士多德1277a19-20。

都或多或少只是够用的折中(adequate compromises)。在《海伦颂》里,伊索克拉底将狂热的激情(mad passion)当作唯一完满的生活。

我们对其他东西的需求只要够用就好,但对于美好之物,我们却希望它们越多越好,并且这仅仅是因为它们的美,而不是因为想到它们对我们有什么用处。爱欲比意志更强大,我们不会成为其他任何东西的奴隶,却会甘愿成为美好之物的奴隶。我们会忠诚地侍奉它。我们对这一美的理念心怀着如此虔敬,以至于我们鄙视那些出卖自己美色的人,甚于鄙视那些对他人行不义的人。我们尊敬那些保护他们年轻的童贞的人,就像尊敬那些为城邦做了好事的一样。[1] 一个人必须全身心地效力于这一理念,而做到这样至少已经可以和效力于城邦等量齐观了。[228]这和《斐德若》所传达的信息完全一样,《斐德若》只赞美那种毫无保留全身心去爱的人。《斐德若》中的对话发生在城邦之外,它对城邦的节制表现出极大的轻蔑,或者更好的表述可能是,它摒弃了一种不是以某种更高的东西之名所操练的节制。[2] 单纯自制的人有一种无可名状的狭隘,他的节制就像是懦弱的敷衍和胆怯。一个值得赞扬的人必须关切着某种东西,并且是满怀激情地关切着它。而唯一值得关切的东西是那种永恒的美的东西。无所关切的人将过着挑来拣去、自相矛盾的生活。只有一种以美为基础的修辞学才可以称作

---

[1] 参色诺芬,《回忆苏格拉底》,10.1.6–13。色诺芬用的例子和伊索克拉底用的一模一样,并且它还暗示了伊索克拉底在《海伦颂》里对智慧与美的等同。真正的节制被色诺芬定义为知道如何选择爱人。参《回忆苏格拉底》,3.9.5。

[2] 《斐德若》,256e。

真正的修辞学。其他的修辞学都只是在服务于卑下的激情和城邦的不义需求而已。

据说,伊索克拉底所批评的那个赞美海伦不够充分的人就是高尔吉亚。如果真是这样,那么伊索克拉底就是在批评高尔吉亚没有认出海伦的高贵。高尔吉亚有意为海伦的行为以及她所引起的那些激情辩护,但他认为这些激情是错的,并且他是在城邦正义的法庭上为海伦正名,而这意味着海伦应该听命于城邦。高尔吉亚接受了城邦的平庸以及它那变幻无常的标准。因此,他的修辞学是错的。这和柏拉图所描绘的高尔吉亚一模一样。在柏拉图看来,高尔吉亚没有爱欲,而这正是其教诲的缺陷。相同的论点也出现在《斐德若》里。吕西阿斯(Lysias)是爱欲的指控者,同时也是生理舒适的捍卫者。[229]苏格拉底在《斐德若》里赞扬伊索克拉底绝不是什么偶然。他们对修辞学和爱欲的看法完美地契合。除非修辞学能找到一个城邦之外的标准,否则它就不能成为城邦的向导,而仅仅是城邦的奴隶和工具。

海伦是文艺与哲学的根源,这从宙斯自己的行为中就很容易看出。宙斯统治着其他一切,却被美所统治。为了战胜美,他总是使用技艺而非武力。暴力不能战胜美,只有理智与技艺才可以。对美的占有取决于技艺,而美是技艺的目的因。技艺并不是为了满足人的需要而发明的,因为人的需要来自他与生俱来对美的倾心。任何试图将一切建立在人的基础之上的思想都是庸俗和贫瘠的。离了美,人就无法得到理解。那些不考虑结果、最强烈地依恋着美的人,他们是最具人性的人。就连诸神也不为臣服于美而感到羞耻,甚至希望他们的事被诗人们广为传唱。不知羞耻地沉浸在美当中,这是通往不朽的最坚实的道路。

我们从《海伦颂》中可以得出结论,即伊索克拉底确实对某一反对城邦的主张持开放态度,并且确实认为最好的生活可能并非好公民的生活。那种沉思美并在其技艺中重新创造美的人,他们至少也是值得尊敬的。人身上那种如此强大的、利己的性冲动是脱离城邦的源头,因为好的城邦并不认可私人情感的权利。然而,这一源头已被证明有一个不再是私人的目的,并且这一目的证明了爱欲——[230]它看起来毫无来由(gratuitous)——不过是对永恒之物的隐忍渴望。遗忘这一神圣的冲动,不仅会让人感到欲求不得满足,还会令城邦自身丧失其终极目的。城邦将如前苏格拉底哲人说的那样,与永恒之物彻底分离。自我保存将是它的目的,而斯巴达将会是它的范式。爱欲的唯一满足将只是僭政。在一般情况下,城邦会孕育出高尔吉亚,后者导致了卡利克勒斯的出现。

在伊索克拉底看来,这种革命性的权利也并不是无条件的。这种权利只属于那些知识人。美是一种理念,一种实存着的形式。它不是人随意创造的结果,尽管每个人的爱欲都有在真正美的东西那里实现其自身的潜能,但只有极少数人能实际做到。自由的权利建立在对美的理念的拥有之上,不理解这一点的人会像斯特西克鲁斯(Stesichorus)那样受到惩罚。存在必定总是先于创造或自由。人必须学习那种在这方面至关重要的翻案诗(palinode[译按]原文作 palinodeon,疑误)。文艺是模仿,因而必须遵从自然。荷马的魅力更多出自海伦而非他的技艺。理解自然是文艺的核心,并且只有当文艺分有了这样的理解时,它才会是美的。正因为如此，哲学先于文艺，并且比文艺更加重要。文艺中的美也许有时会与城邦相冲突，但它绝不会与哲学相冲突。

对美的知识是真正意义上的节制的根源。正是由于见到了真正的美，并意识到了绝大多数人不可能触碰到它，哲人才明白赋予人们制度与神话是他的责任，[231]因为这些东西会让他们的生活无意中近距离接触到美。这不是因恐惧与冷漠而产生的节制，而是非常深地关切和非常有激情地生活的直接结果。色诺芬说，节制的人是那种知道如何选择爱人的人，这正说出了伊索克拉底的想法。① 真正的解决办法是建立一个沉思着存在者的哲人在其中统治的城邦。这是布希里斯-苏格拉底的最大意义所在——他提出了这一解决办法。

但哲人第一热爱的永远是美，离开海伦身边只会令他感到遗憾。离开不是出于他的意愿——尽管海伦给了巨大的快乐——而是因为自然压倒性的力量。海伦给予惩罚和奖赏。富人必须虔敬地向她呈上雕像和祭品，而哲人必须向她呈上话语，因为话语是哲人表达虔敬的方式。有教养的人必须谈论并思考爱和美。伊索克拉底的学园是一个会饮的家园(home of symposia)。

---

① 参页 225 注 1。

结　论

　　试图续写像伊索克拉底作品那样的作品将会是愚蠢的,并且这也有悖于他的意图。必须按照他自己的复杂性来阅读他,同时也必须允许他按照他自己的方式来传达他的微妙教诲。本研究的目的,不是提供一个对伊索克拉底的简单解读——这会让学生不再费力地阅读伊索克拉底本人,而是提供一个导读,[232]以帮助现代读者扫清他们领会伊索克拉底思想核心的种种障碍。时间和我们关注点的转变让我们忘记了一些伊索克拉底视为显而易见的东西。

　　节制的问题,以及因这一问题而产生的修辞学,对我们来说也许是最陌生的,而既然他如此多的作品都围绕这一主题,也就无怪乎他是我们今天最少提起的古代作者之一。但也许正是因为我们对他缺乏同情,在一个所有人文学科都意识到历史性研究(historical studies)——这些研究旨在丰富我们自己那看起来如此贫乏的替代品——的重要性的时代,重新思考他才显得特别重要。曾几何时,这一有关节制的问题被认为是至关重要的,而如今我们已经忘记了为何它们如此重要。造成这一损失的原因无法在这里展开,但我们已经看到,如果这一问题能够重新得到讨论,我们也许会发现它对我们现代人有着难以估量的后果。显然,它与我们非常关心的、急需解答的问题,尤其是思想家与社会的关系,他的责任及权利的问题十分相关。这个问题伊索克拉底全盘考虑过,并且在这个问题上没有一个人比他想得更为透彻。我并不是说他的答案必然详尽无遗,也不是说他的答案必然完全适用于我们生活的特定时代。但我确实主张,我们觉得他没有吸引力这点错在我们而非他。我们也许已经完全忘记了一些提出问题的方式和某些可能的答案。但不管怎样,伊索克拉底的总体旨趣显然与现代许多紧迫的问题是一致的,若能花时间去理解他,我们也许能学到许多东西。[233]恰恰是那些在历史性的问题(historical matters)上最不起眼的问题,常常最具启发性,因为这些问题包含了那些专属于一个时代而不再引起后世兴趣的元素。我们若只根据自己的口味研究历史,就会到处只看到我们自己。

需要指出的是,从哲学上讨论节制这一德性,眼下已很难找到,眼下也几乎不存在真正的政治哲学。这两个现象很有可能是相关联的。如果在具体的政治秩序之外不存在什么政治标准,那么相对主义就是不可避免的结果。而如果存在这样一个标准,那它必然完全不同于几乎所有的现存秩序,而这意味着它本质上是理论性的。但如果理论与实践没有差别,如果善必定总是此时此地实际可实现的善,那么在现存的标准之外还存在其他标准就是不可能的。这样,政治哲学就成了为事物的实际状态服务的意识形态。这就是现代的处境,造成这一结果的原因是,人想要在所有地方制定出一个好的秩序,而不管处境如何。他们认为真实的东西必须是可触的东西,或者换一种表达方式,他们认为理论并不真实。这让我们要么陷入不顾一切现实的野蛮理想主义,要么陷入万物皆可为的道德犬儒主义。而最糟的是,不管身处何方,思想都已是囚徒,因为它无法摆脱当下的枷锁。

在伊索克拉底那里,节制与修辞学都建立在对这一特殊处境的反思之上。[234]它们试图解决理论的恰当批判距离与政治理论有意产生的实践后果之间的冲突。节制仅仅是实践与理论的分界线,而修辞学反映出,思想家意识到理论必须经过修饰才能变成实践,并意识到说出口的话不只是思想,也是实践。只有在一些类似的基础之上,实践才是有意义的,思想也才是可能的。没有外在的标准,即没有理论,实践是无意义的。伊索克拉底在完整阐述这一问题的方面不输给其他任何古代理论家,因为他极为严肃地对待实践者的立场。这两个领域复杂的内在联系在他的所有作品里都得到了完整的保留。我们只有与他交谈,才能以至少某种可能的方式让理性的实践重新变得可能,而通过检视他的预设,我们也可以看到,我们的当代理论需要做些什么才能把常识的世界(common sense world)还给我们自己。

图书在版编目(CIP)数据

伊索克拉底的政治哲学／(美)阿兰·布鲁姆(Allan Bloom)著；胡辛凯，朱雯琤译．--北京：华夏出版社有限公司，2024.7
(西方传统：经典与解释)
ISBN 978-7-5222-0622-6

Ⅰ．伊… Ⅱ．①阿… ②胡… ③朱… Ⅲ．①伊索克拉底-政治哲学-研究 Ⅳ．①D091.2

中国国家版本馆 CIP 数据核字(2024)第 017266 号

伊索克拉底的政治哲学

作　　者	[美]阿兰·布鲁姆
译　　者	胡辛凯　朱雯琤
责任编辑	李安琴
责任印制	刘　洋
出版发行	华夏出版社有限公司
经　　销	新华书店
印　　装	北京汇林印务有限公司
版　　次	2024 年 7 月北京第 1 版 2024 年 7 月北京第 1 次印刷
开　　本	880 ×1230　1/32
印　　张	7.875
字　　数	162 千字
定　　价	65.00 元

华夏出版社有限公司　地址：北京市东直门外香河园北里 4 号　邮编：100028
网址：www.hxph.com.cn　电话：(010)64663331(转)
若发现本版图书有印装质量问题，请与我社营销中心联系调换。

西方传统：经典与解释
Classici et Commentarii
HERMES
刘小枫○主编

古今丛编

欧洲中世纪诗学选译　宋旭红 编译
克尔凯郭尔　[美]江思图 著
货币哲学　[德]西美尔 著
孟德斯鸠的自由主义哲学　[美]潘戈 著
莫尔及其乌托邦　[德]考茨基 著
试论古今革命　[法]夏多布里昂 著
但丁：皈依的诗学　[美]弗里切罗 著
在西方的目光下　[英]康拉德 著
大学与博雅教育　董成龙 编
探究哲学与信仰　[美]郝岚 著
民主的本性　[法]马南 著
梅尔维尔的政治哲学　李小均 编/译
席勒美学的哲学背景　[美]维塞尔 著
果戈里与鬼　[俄]梅列日科夫斯基 著
自传性反思　[美]沃格林 著
黑格尔与普世秩序　[美]希克斯 等著
新的方式与制度　[美]曼斯菲尔德 著
科耶夫的新拉丁帝国　[法]科耶夫 等著
《利维坦》附录　[英]霍布斯 著
或此或彼（上、下）　[丹麦]基尔克果 著
海德格尔式的现代神学　刘小枫 选编
双重束缚　[法]基拉尔 著
古今之争中的核心问题　[德]迈尔 著
论永恒的智慧　[德]苏索 著
宗教经验种种　[美]詹姆斯 著
尼采反卢梭　[美]凯斯·安塞尔-皮尔逊 著
舍勒思想评述　[美]弗林斯 著
诗与哲学之争　[美]罗森 著

神圣与世俗　[罗]伊利亚德 著
但丁的圣约书　[美]霍金斯 著

古典学丛编

荷马笔下的诸神与人类德行　[美]阿伦斯多夫 著
赫西俄德的宇宙　[美]珍妮·施特劳斯·克莱 著
论王政　[古罗马]金嘴狄翁 著
论希罗多德　[古罗马]卢里叶 著
探究希腊人的灵魂　[美]戴维斯 著
尤利安文选　马勇 编/译
论月面　[古罗马]普鲁塔克 著
雅典谐剧与逻各斯　[美]奥里根 著
菜园哲人伊壁鸠鲁　罗晓颖 选编
劳作与时日（笺注本）　[古希腊]赫西俄德 著
神谱（笺注本）　[古希腊]赫西俄德 著
赫西俄德：神话之艺　[法]居代·德拉孔波 编
希腊古风时期的真理大师　[法]德蒂安 著
古罗马的教育　[英]葛怀恩 著
古典学与现代性　刘小枫 编
表演文化与雅典民主政制
[英]戈尔德希尔、奥斯本 编
西方古典文献学发凡　刘小枫 编
古典语文学常谈　[德]克拉夫特 著
古希腊文学常谈　[英]多佛 等著
撒路斯特与政治史学　刘小枫 编
希罗多德的王霸之辨　吴小锋 编/译
第二代智术师　[英]安德森 著
英雄诗系笺释　[古希腊]荷马 著
统治的热望　[美]福特 著
论埃及神学与哲学　[古希腊]普鲁塔克 著
凯撒的剑与笔　李世祥 编/译
伊壁鸠鲁主义的政治哲学　[意]詹姆斯·尼古拉斯 著
修昔底德笔下的人性　[美]欧文 著
修昔底德笔下的演说　[美]斯塔特 著
古希腊政治理论　[美]格雷纳 著

赫拉克勒斯之盾笺释　罗逍然 译笺
《埃涅阿斯纪》章义　王承教 选编
维吉尔的帝国　[美]阿德勒 著
塔西佗的政治史学　曾维术 编

古希腊诗歌丛编
古希腊早期诉歌诗人　[英]鲍勒 著
诗歌与城邦　[美]费拉格、纳吉 主编
阿尔戈英雄纪（上、下）
[古希腊]阿波罗尼俄斯 著
俄耳甫斯教祷歌　吴雅凌 编译
俄耳甫斯教辑语　吴雅凌 编译

古希腊肃剧注疏
欧里庇得斯与智术师　[加]科纳彻 著
欧里庇得斯的现代性　[法]德·罗米伊 著
自由与僭越　罗峰 编译
希腊肃剧与政治哲学　[美]阿伦斯多夫 著

古希腊礼法研究
宙斯的正义　[英]劳埃德-琼斯 著
希腊人的正义观　[英]哈夫洛克 著

廊下派集
剑桥廊下派指南　[加]英伍德 编
廊下派的苏格拉底　程志敏 徐健 选编
廊下派的神和宇宙　[墨]里卡多·萨勒斯 编
廊下派的城邦观　[英]斯科菲尔德 著

希伯莱圣经历代注疏
希腊化世界中的犹太人　[英]威廉逊 著
第一亚当和第二亚当　[德]朋霍费尔 著

新约历代经解
属灵的寓意　[古罗马]俄里根 著

基督教与古典传统
保罗与马克安　[德]文森 著
加尔文与现代政治的基础　[美]汉考克 著
无执之道　[德]文森 著

恐惧与战栗　[丹麦]基尔克果 著
托尔斯泰与陀思妥耶夫斯基
[俄]梅列日科夫斯基 著
论宗教大法官的传说　[俄]罗赞诺夫 著
海德格尔与有限性思想（重订版）
刘小枫 选编
上帝国的信息　[德]拉加茨 著
基督教理论与现代　[德]特洛尔奇 著
亚历山大的克雷芒　[意]塞尔瓦托·利拉 著
中世纪的心灵之旅　[意]圣·波纳文图拉 著

德意志古典传统丛编
黑格尔论自我意识　[美]皮平 著
克劳塞维茨论现代战争　[澳]休·史密斯 著
《浮士德》发微　谷裕 选编
尼伯龙人　[德]黑贝尔 著
论荷尔德林　[德]沃尔夫冈·宾德尔 著
彭忒西勒亚　[德]克莱斯特 著
移徙书简　[奥]里尔克 著
纪念苏格拉底——哈曼文选　刘新利 选编
夜颂中的革命和宗教　[德]诺瓦利斯 著
大革命与诗化小说　[德]诺瓦利斯 著
黑格尔的观念论　[美]皮平 著
浪漫派风格——施勒格尔批评文集　[德]施勒格尔 著

巴洛克戏剧丛编
克里奥帕特拉　[德]罗恩施坦 著
君士坦丁大帝　[德]阿旺西尼 著
被弑的国王　[德]格吕菲乌斯 著

美国宪政与古典传统
美国1787年宪法讲疏　[美]阿纳斯塔普罗 著

启蒙研究丛编
论古今学问　[英]坦普尔 著
历史主义与民族精神　冯庆 编
浪漫的律令　[美]拜泽尔 著
现实与理性　[法]科维纲 著

论古人的智慧 [英]培根 著
托兰德与激进启蒙 刘小枫 编
图书馆里的古今之战 [英]斯威夫特 著

政治史学丛编
驳马基雅维利 [普鲁士]弗里德里希二世 著
现代欧洲的基础 [英]赖希 著
克服历史主义 [德]特洛尔奇 等著
胡克与英国保守主义 姚啸宇 编
古希腊传记的嬗变 [意]莫米利亚诺 著
伊丽莎白时代的世界图景 [英]蒂利亚德 著
西方古代的天下观 刘小枫 编
从普遍历史到历史主义 刘小枫 编
自然科学史与玫瑰 [法]雷比瑟 著

地缘政治学丛编
地缘政治学的起源与拉采尔 [希腊]斯托杨诺斯 著
施米特的国际政治思想 [英]欧迪瑟乌斯/佩蒂托 编
克劳塞维茨之谜 [英]赫伯格-罗特 著
太平洋地缘政治学 [德]卡尔·豪斯霍弗 著

荷马注疏集
不为人知的奥德修斯 [美]诺特维克 著
模仿荷马 [美]丹尼斯·麦克唐纳 著

品达注疏集
幽暗的诱惑 [美]汉密尔顿 著

阿里斯托芬集
《阿卡奈人》笺释 [古希腊]阿里斯托芬 著

色诺芬注疏集
居鲁士的教育 [古希腊]色诺芬 著
色诺芬的《会饮》 [古希腊]色诺芬 著

柏拉图注疏集
挑战戈尔戈 李致远 选编
论柏拉图《高尔吉亚》的统一性 [美]斯托弗 著
立法与德性——柏拉图《法义》发微 林志猛 编
柏拉图的灵魂学 [加]罗宾逊 著
柏拉图书简 彭磊 译注
克力同章句 程志敏 郑兴凤 撰
哲学的奥德赛——《王制》引论 [美]郝兰 著
爱欲与启蒙的迷醉 [美]贝尔格 著
为哲学的写作技艺一辩 [美]伯格 著
柏拉图式的迷宫——《斐多》义疏 [美]伯格 著
苏格拉底与希琵阿斯 王江涛 编译
理想国 [古希腊]柏拉图 著
谁来教育老师 刘小枫 编
立法者的神学 林志猛 编
柏拉图对话中的神 [法]薇依 著
厄庇诺米斯 [古希腊]柏拉图 著
智慧与幸福 程志敏 选编
论柏拉图对话 [德]施莱尔马赫 著
柏拉图《美诺》疏证 [美]克莱因 著
政治哲学的悖论 [美]郝岚 著
神话诗人柏拉图 张文涛 选编
阿尔喀比亚德 [古希腊]柏拉图 著
叙拉古的雅典异乡人 彭磊 选编
阿威罗伊论《王制》 [阿拉伯]阿威罗伊 著
《王制》要义 刘小枫 选编
柏拉图的《会饮》 [古希腊]柏拉图 等著
苏格拉底的申辩（修订版） [古希腊]柏拉图 著
苏格拉底与政治共同体 [美]尼柯尔斯 著
政制与美德——柏拉图《法义》疏解 [美]潘戈 著
《法义》导读 [法]卡斯代尔·布舒奇 著
论真理的本质 [德]海德格尔 著
哲人的无知 [德]费勃 著
米诺斯 [古希腊]柏拉图 著
情敌 [古希腊]柏拉图 著

亚里士多德注疏集
《诗术》译笺与通绎 陈明珠 撰
亚里士多德《政治学》中的教诲 [美]潘戈 著
品格的技艺 [美]加佛 著

亚里士多德哲学的基本概念　[德]海德格尔 著
《政治学》疏证　[意]托马斯·阿奎那 著
尼各马可伦理学义疏　[美]伯格 著
哲学之诗　[美]戴维斯 著
对亚里士多德的现象学解释　[德]海德格尔 著
城邦与自然——亚里士多德与现代性　刘小枫 编
论诗术中篇义疏　[阿拉伯]阿威罗伊 著
哲学的政治　[美]戴维斯 著

普鲁塔克集
普鲁塔克的《对比列传》　[英]达夫 著
普鲁塔克的实践伦理学　[比利时]胡芙 著

阿尔法拉比集
政治制度与政治箴言　阿尔法拉比 著

马基雅维利集
解读马基雅维利　[美]麦考米克 著
君主及其战争技艺　娄林 选编

莎士比亚绎读
莎士比亚的罗马　[美]坎托 著
莎士比亚的政治智慧　[美]伯恩斯 著
脱节的时代　[匈]阿格尼斯·赫勒 著
莎士比亚的历史剧　[英]蒂利亚德 著
莎士比亚戏剧与政治哲学　彭磊 选编
莎士比亚的政治盛典　[美]阿鲁里斯/苏利文 编
丹麦王子与马基雅维利　罗峰 选编

洛克集
上帝、洛克与平等　[美]沃尔德伦 著

卢梭集
致博蒙书　[法]卢梭 著
政治制度论　[法]卢梭 著
哲学的自传　[美]戴维斯 著
文学与道德杂篇　[法]卢梭 著
设计论证　[美]吉尔丁 著
卢梭的自然状态　[美]普拉特纳 等著

卢梭的榜样人生　[美]凯利 著

莱辛注疏集
汉堡剧评　[德]莱辛 著
关于悲剧的通信　[德]莱辛 著
智者纳坦（研究版）　[德]莱辛 等著
启蒙运动的内在问题　[美]维塞尔 著
莱辛剧作七种　[德]莱辛 著
历史与启示——莱辛神学文选　[德]莱辛 著
论人类的教育　[德]莱辛 著

尼采注疏集
尼采引论　[德]施特格迈尔 著
尼采与基督教　刘小枫 编
尼采眼中的苏格拉底　[美]丹豪瑟 著
动物与超人之间的绳索　[德]A.彼珀 著

施特劳斯集
苏格拉底与阿里斯托芬
论僭政（重订本）　[美]施特劳斯 [法]科耶夫 著
苏格拉底问题与现代性（第三版）
犹太哲人与启蒙（增订本）
霍布斯的宗教批判
斯宾诺莎的宗教批判
门德尔松与莱辛
哲学与律法——论迈蒙尼德及其先驱
迫害与写作艺术
柏拉图式政治哲学研究
论柏拉图的《会饮》
柏拉图《法义》的论辩与情节
什么是政治哲学
古典政治理性主义的重生（重订本）
回归古典政治哲学——施特劳斯通信集
　　　＊＊＊
追忆施特劳斯　张培均 编
施特劳斯学述　[德]考夫曼 著

论源初遗忘 [美]维克利 著
阅读施特劳斯 [美]斯密什 著
施特劳斯与流亡政治学 [美]谢帕德 著
驯服欲望 [法]科耶夫 等著

施特劳斯讲学录
追求高贵的修辞术
——柏拉图《高尔吉亚》讲疏（1957）
斯宾诺莎的政治哲学

施米特集
宪法专政 [美]罗斯托 著
施米特对自由主义的批判 [美]约翰·麦考米克 著

伯纳德特集
古典诗学之路（第二版） [美]伯格 编
弓与琴（重订本） [美]伯纳德特 著
神圣的罪业 [美]伯纳德特 著

布鲁姆集
巨人与侏儒（1960-1990）
人应该如何生活——柏拉图《王制》释义
爱的设计——卢梭与浪漫派
爱的戏剧——莎士比亚与自然
爱的阶梯——柏拉图的《会饮》
伊索克拉底的政治哲学

沃格林集
自传体反思录

朗佩特集
哲学与哲学之诗
尼采与现时代
尼采的使命
哲学如何成为苏格拉底式的
施特劳斯的持久重要性

迈尔集
施米特的教训
何为尼采的扎拉图斯特拉

政治哲学与启示宗教的挑战
隐匿的对话
论哲学生活的幸福

大学素质教育读本
古典诗文绎读 西学卷·古代编（上、下）
古典诗文绎读 西学卷·现代编（上、下）